Série Mídia e Mobilização Social

Saúde em Pauta

doença e qualidade de vida no olhar da imprensa sobre a infância

ANDI – Agência de Notícias dos Direitos da Infância

PRESIDENTE
Regina Festa

DIRETOR DE PLANEJAMENTO
Marcus Fuchs

DIRETOR-EDITOR
Veet Vivarta

EDITORA DE ANÁLISE DE MÍDIA
Patrícia Andrade

CONSULTOR DE PESQUISA E ESTATÍSTICA
Guilherme Canela

SDS Ed. Boulevard Center, Bloco A, Sala 101
70391-900 – Brasília, DF
Fone: (61) 322-6508 | Fax: (61) 322-4973
E-mail: analisedemidia@andi.org.br
Site: www.andi.org.br

CORTEZ EDITORA

Rua Bartira, 317 Perdizes
05009-000 – São Paulo SP
Fone.: (11) 3864-0111 | Fax: (11) 3864-4290
E-mail: cortez@cortezeditora.com.br
Site: www.cortezeditora.com.br

Dados Internacionais de Catalogação na Publicação (CIP)
(Câmara Brasileira do Livro, SP, Brasil)

Saúde em pauta : doença e qualidade de vida no olhar da imprensa sobre a infância/ coordenação Veet Vivarta – São Paulo : Cortez, 2003. – (Série mídia e mobilização social ; v. 1)

Várias editoras.
Apoio: Ministério da Educação, Instituto Ayrton Senna.
ISBN 85-249-0910-2 (Cortez)

1. Comunicação de massa – Aspectos sociais 2. Crianças – Doenças 3. Crianças – Saúde e higiene 4. Jornalismo – Aspectos sociais 5. Qualidade de vida I. Vivarta, Veet. II. Título: Doença e qualidade de vida no olhar da imprensa sobre a infância. III. Série.

03-0341 CDD-070.4496130432

Índices para catálogo sistemático:

1. Crianças e adolescentes : Saúde : Cobertura jornalística
070.4496130432

Série Mídia e Mobilização Social

Saúde em Pauta

doença e qualidade de vida no olhar da imprensa sobre a infância

Realização:

ANDI Agência de Notícias dos Direitos da Infância

unicef

CORTEZ EDITORA

Apoio:

W.K. KELLOGG FOUNDATION
To help people help themselves

Instituto Ayrton Senna
Desenvolvendo o potencial das novas gerações

Ficha Técnica

SÉRIE MÍDIA E MOBILIZAÇÃO SOCIAL – Vol.1
Saúde em Pauta – doença e qualidade de vida no olhar da imprensa sobre a infância

REALIZAÇÃO
ANDI / Unicef / Fundação W. K. Kellogg / Cortez Editora

APOIO
Instituto Ayrton Senna

EDIÇÃO
Patrícia Andrade

TEXTO
Cynthia Garda

PRODUÇÃO
Coordenação: **Ana Flávia Flôres**
Assistentes: **Emília Boudens, Janaína Freire, Ane Lima, Antônia Amélia, Eduardo Tavares e Rubenita Correa**

REVISÃO
Luciana Rodrigues Pereira

CLIPAGEM E CLASSIFICAÇÃO
Coordenação Geral: **Patu Antunes e Pedro Ivo Alcântara**
Assistentes: **Adriano Duarte, Alaíse Bezerra, Ana Gabriela Sales, Ana Graciele, Antônia Amélia da Conceição, Bruno de Sá, Cláudia Gisele Alves, Deílson Vogado, Eduardo Tavares, Érika Nunes, João Rodrigo de Lavor, Leandro Ferreira, Leonardo Faria, Magda Dias, Márcia Lima, Pablo Souto, Renata Noiar, Renato Farias, Sérgio de Castro, Thiago Araújo.**

CONSULTORIA ESTATÍSTICA
Sub-coordenação: **Railssa Peluti Alencar**
Assistentes: **Fábio Novaes de Senne, Renato Godoy de Toledo, Paulo Roberto Attina Filho, Leandro Peccequillo Freire e Hernani Antunes**
Processamento de dados: **Paulo M. Marques** | *Digitação:* **Kátia Garcia Pinto**

DIRETÓRIO DE FONTES
Coordenação e edição: **Raquel Raw**
Coleta de dados: **Renata Noiar**

PROJETO GRÁFICO
Tool Box Produções Ltda

DIAGRAMAÇÃO
André Nóbrega

FOTOGRAFIAS (Capa e páginas internas)
Mila Petrillo (exceto **Unicef/Mila Petrillo**, páginas 45 e 95)

FOTOLITO
Polis Bureau

IMPRESSÃO E ACABAMENTO
Cromosete Gráfica e Editora Ltda

DISTRIBUIÇÃO E VENDAS
Cortez Editora

TIRAGEM
5 mil exemplares

Sumário

	Uma Apresentação	8	*A série Mídia e Mobilização Social busca instrumentalizar jornalistas, fontes de informação e estudantes universitários*
	Introdução	11	*O papel da imprensa na implementação de políticas de saúde que garantam mais qualidade de vida à infância*
1	Uma Questão de Qualidade de Vida	19	*O bem-estar de uma população não pode ser medido apenas pela ausência de enfermidades*
2	Gestão e Políticas Públicas	45	*A implementação de ações voltadas para a saúde da infância deve mobilizar o Estado, a sociedade civil e o setor privado*
3	Saúde e Desenvolvimento Humano	71	*Os indicadores que medem as condições de vida de uma população são fundamentais na avaliação das políticas públicas*
4	Comportamento Editorial	87	*Os temas associados à Saúde da Criança ainda não ocupam espaço nobre na imprensa brasileira*
5	A Percepção da Sociedade	95	*As principais conclusões de uma série de grupos focais e entrevistas sobre mídia e saúde infantil*
6	Para Saber Mais	109	*Um roteiro com os principais termos usados no universo da Saúde da Criança, indicações de fontes e outras informações relevantes*
	Consultores da Pesquisa	144	*O perfil dos especialistas que participaram do Grupo de Análise de Mídia em Saúde da Criança*
	Entidades Parceiras	146	*As instituições que contribuiram na elaboração deste projeto*

Mídia e Mobilização Social – Uma Apresentação

A série *Mídia e Mobilização Social* é resultado da experiência que a **ANDI – Agência de Notícias dos Direitos da Infância** acumula desde 1992, quando passou a desenvolver um conjunto de estratégias direcionadas à expansão da presença de temáticas associadas à infância e à adolescência na pauta dos meios de comunicação brasileiros.

Ao mesmo tempo, esta série de livros representa a possibilidade de a ANDI e seus parceiros avançarem de forma mais objetiva no processo de instrumentalizar jornalistas, comunicadores, fontes de informação e estudantes universitários para a prática de um jornalismo socialmente responsável e alinhado com os principais parâmetros do desenvolvimento humano.

A imprensa e os desafios da agenda social

Por uma feliz sincronicidade, esta série chega ao público num momento em que a conjuntura política e social do País exige da mídia uma cobertura não apenas mais abrangente e plural, mas também muito mais qualificada.

Por outra sincronicidade, nada feliz, estes livros e os desafios colocados pela agenda do governo federal – que se propõe a alavancar o resgate de significativa parcela de nossa dívida social – vão encontrar fragilizada a maioria das empresas de comunicação e suas redações, vitimadas por um grave contexto recessivo. Além dos repetidos cortes de pessoal e conseqüente sobrecarga de trabalho, as redações ainda lutam contra outros dois sérios limites: uma formação do corpo profissional apoiada em currículos acadêmicos quase sempre defasados de uma perspectiva nacional mais ampla, e o despreparo resultante do hábito perverso, enraizado ao longo das últimas décadas, de considerar a pauta social como sendo bem menos relevante, do ponto de vista jornalístico, do que a de política ou de economia.

Por uma nova cultura jornalística

Isso não significa que faltem exemplos de bom jornalismo social na imprensa brasileira. A ANDI, que acompanha muito de perto o trabalho dos meios de comunicação das diversas regiões do País, regularmente tem a oportunidade de registrar a veiculação de expressivas contribuições da imprensa para o enfrentamento das mazelas que colocam em risco o desenvolvimento de nossas crianças e adolescentes. O problema é que na maior parte das vezes essas matérias ainda são mais o resultado de esforços individuais do que de linhas editoriais consolidadas.

Para que a imprensa venha a desempenhar com eficiência o papel que lhe cabe no processo de construção de um País menos vulnerabilizado pelas injustiças sociais, será necessário que se cristalize – não apenas na redações, mas já nas universidades – uma cultura jornalística suficientemente madura para pensar as questões inerentes ao desenvolvimento humano como abordagem transversal à cobertura oferecida a todas as grandes temáticas nacionais.

O poder da informação

Cada um dos volumes que compõem a série *Mídia e Mobilização Social* teve como ponto de origem uma análise aprofundada, de cunho quanti-qualitativo, sobre o tratamento editorial dado pela imprensa brasileira a um determinado tema central para a promoção e defesa dos direitos da criança e do adolescente. Essas análises de mídia, elaboradas por equipes que reúnem profissionais de jornalismo e consultores especializados nas áreas em foco, não somente reconhecem os méritos e diagnosticam os principais problemas da cobertura, mas também procuram apontar caminhos para uma maior qualificação do trabalho do profissional de imprensa e mesmo do estudante de Comunicação Social.

A ANDI e seus parceiros reconhecem ainda ser fundamental a criação de uma cultura de co-responsabilidade pela qualidade da informação pública. Por isso, o presente volume, como os demais da coleção *Mídia e Mobilização Social*, contempla diretamente aspectos relacionados ao papel das fontes de informação na produção da notícia. Tanto quanto os jornalistas, esses atores sociais – governamentais, do setor privado ou da sociedade civil – são entendidos ao longo das próximas páginas como personagens prioritários no processo de democratização e de qualificação da informação – elementos essenciais na construção de consciências e de um estado permanente de mobilização transformadora.

Por todas estas razões, *Mídia e Mobilização Social* pretende ser uma nova contribuição aos avanços que a imprensa brasileira já tem conquistado no sentido de que crianças e adolescentes sejam o centro da pauta do desenvolvimento humano.

Veet Vivarta – Diretor-Editor • **Marcus Fuchs – Diretor de Planejamento**
ANDI – Agência de Notícias dos Direitos da Infância

Introdução

O papel da imprensa no processo de implementação de políticas de saúde que venham assegurar melhor qualidade de vida à infância brasileira

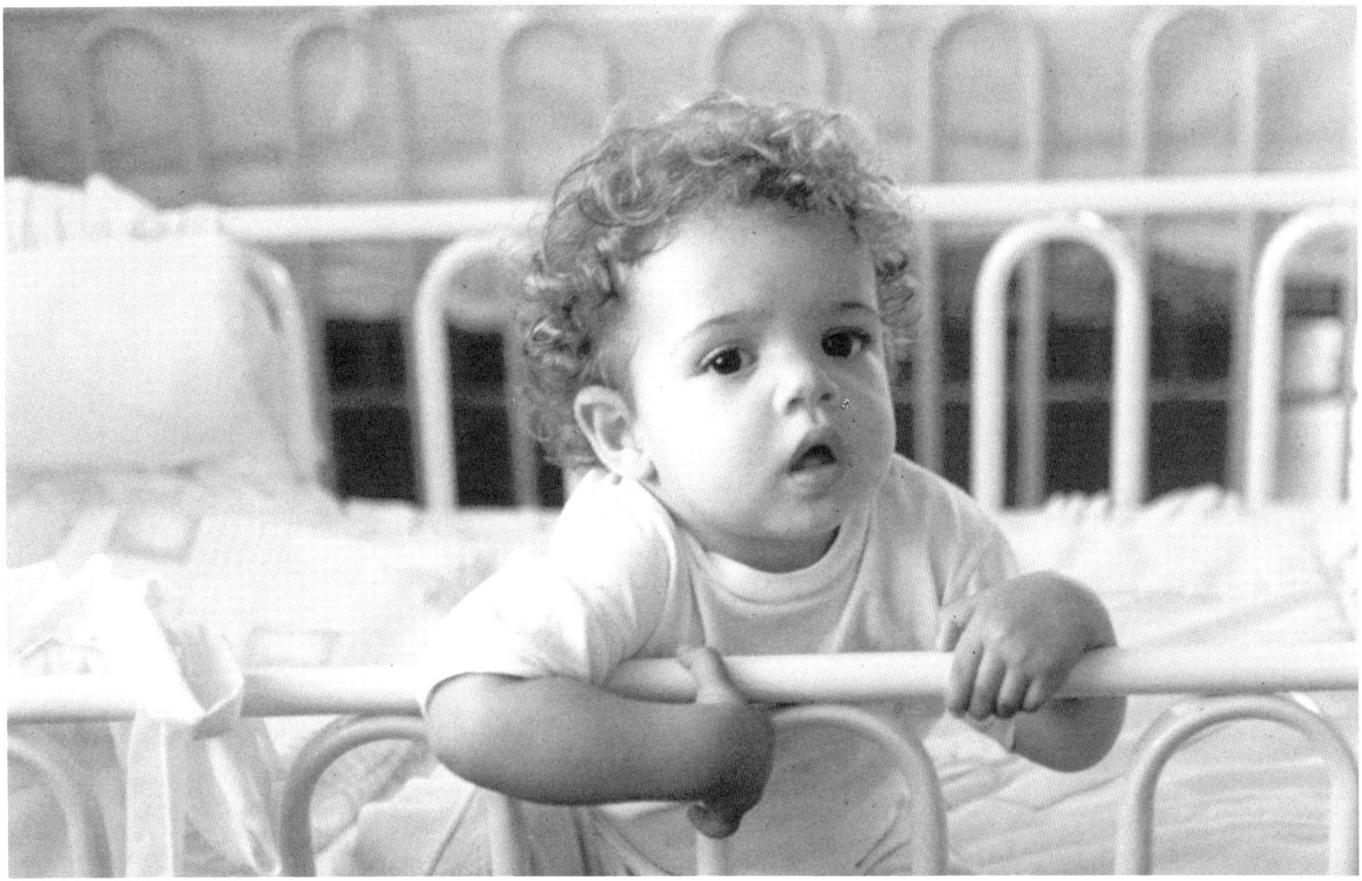

A década de 1990 foi marcada por inegáveis avanços para a infância brasileira. Foram conquistas que não se deram apenas no campo legal, com a criação de instrumentos como o Estatuto da Criança e do Adolescente (ECA) e de instâncias por ele definidas, como os Conselhos Tutelares, responsáveis por zelar pelo cumprimento dos direitos do público infanto-juvenil. Na área da saúde, o Brasil também colheu muitos frutos. A taxa de mortalidade infantil caiu de 48 óbitos em cada mil nascidos vivos em 1990 para 29,6 por mil em 2000, houve ampliação da cobertura do pré-natal, a poliomielite foi erradicada, diminuíram os índices de desnutrição infantil e aumentou a duração média da amamentação no País, que saltou de 5,5 meses em 1989 para 9,9 meses em 1999.

Apesar desses progressos, inúmeras estatísticas mostram que o caminho em busca de uma melhor qualidade de vida para nossas crianças ainda é longo. A taxa de mortalidade materna no Brasil continua altíssima, os índices de cesarianas estão entre os maiores do planeta, os óbitos no período perinatal (que compreende os primeiros dias de vida de um bebê) impedem que a mortalidade infantil tenha uma redução maior, faltam saneamento básico e abastecimento de água, a violência em todas as suas manifestações afeta milhões de crianças. Nessa árdua batalha pelo bem-estar infantil, a imprensa não pode e não deve ser coadjuvante. Ao contrário, seu papel é dos mais nobres. Precisa cobrar, fiscalizar, denunciar, investigar soluções e elogiar — sim, por que não? — as ações do Poder Público, da sociedade civil e do setor privado.

É preocupante notar que neste início de novo milênio a mídia ainda não tenha acordado plenamente para a relevância da discussão desse tema. Mais preocupante ainda quando analisamos os resultados de um estudo feito por pesquisadores do Centro de Políticas Sociais da Fundação Getúlio Vargas. Ao comparar as estatísticas do público infanto-juvenil com as de todas as faixas etárias da sociedade brasileira, eles concluíram que as crianças são o grupo populacional mais desfavorecido do País. Elas têm menos acesso a serviços públicos básicos, como água encanada, esgoto e coleta de lixo – determinantes para as condições de saúde de qualquer indivíduo *(veja artigo "Qual é o status da criança no Brasil?", na página 36)*.

Mesmo diante de tamanhos desafios, grande parte da imprensa brasileira se comporta como se estivesse anestesiada. Ao analisar um universo de quase mil reportagens sobre saúde infantil publicadas em 49 jornais de todas as regiões do País no ano de 2001, os especialistas reunidos pela Agência de Notícias dos Direitos da Infância (ANDI) esbarraram em um dado que resume as carências do tratamento jornalístico oferecido ao assunto: apenas 13,6% de todas as matérias, artigos e editoriais estudados descrevem a saúde como um direito da criança e de sua família.

Foco nas doenças

Os jornalistas não se debruçam sobre esse direito, deixando de investigá-lo para, em contrapartida, concentrar-se quase exclusivamente nas doenças. Parecem agir como um mau médico, que enxerga apenas os sintomas de uma enfermidade, sem tempo para indagar sobre suas causas, sem conectá-la à realidade social, ambiental e econômica daquele paciente, que tende a continuar expressando, por meio da doença, a debilidade de seus direitos como cidadão. A cobertura jornalística acaba, assim, refletindo a crise de um sistema que não consegue promover saúde da maneira prevista pela legislação.

Sem a noção de que a saúde é um direito muito mais amplo que a ausência de doenças, o tratamento jornalístico dado ao assunto é vulnerável a diversas armadilhas. Quando não se conhecem bem o sistema de promoção de saúde do País e as variáveis indissociáveis desse sistema, acaba sendo mais fácil culpar a vítima. São freqüentes as abordagens que atribuem o estado de saúde deficiente de uma criança à ignorância de sua família.

A relação óbvia entre saúde e o acesso à água potável, por exemplo, não é nada óbvia na cobertura. As mães praticamente não aparecem nas estatísticas quando se faz uma análise apurada sobre quem foi a fonte principal de uma matéria. A gravidez na adolescência, aos olhos da mídia brasileira, também é pouco associada a fatores de risco para os bebês – mesmo que mais de 20% dos partos realizados recentemente no Sistema Único de Saúde (SUS) envolvam garotas entre 15 e 19 anos.

Instrumento para reflexão

Este livro contém uma coleção detalhada de dados sobre a atual condição da cobertura de Saúde da Criança nos jornais brasileiros. Vários deles foram eleitos como merecedores de aprofundamento e destaque pela equipe de consultores reunida para analisar as matérias sobre esse assunto, publicadas na imprensa ao longo do ano 2001.

Um outro grupo de dados aparece listado em gráficos e tabelas que fornecem uma rica fonte para que cada jornalista, estudante, profissional médico, agente social ou simples interessado no tema descubra seus próprios caminhos de reflexão sobre sua atuação e a da mídia na área. O princípio que norteia a importância deste trabalho para a ANDI e seus parceiros é o do poder da imprensa para definir o peso de certo assunto na agenda nacional. E esse peso determina o aporte de verbas e recursos do governo, do setor privado e da sociedade civil para a área.

Atenção ao desenvolvimento humano

Um capítulo é dedicado ao tratamento que a mídia dá às questões ligadas ao Desenvolvimento Humano e sua interface com a saúde infantil. Instrumento criado por uma equipe de economistas, entre eles o paquistanês Mahbub ul Haq (falecido em 1998) e o indiano Amartya Sen, prêmio Nobel de Economia, o Índice de Desenvolvimento Humano – IDH – ajuda a medir a qualidade de vida de uma Nação, estado ou município.

Todos os anos, o Programa das Nações Unidas para o Desenvolvimento (PNUD) divulga um relatório que posiciona os países segundo seu IDH. No *ranking* de 2002, o Brasil ocupou o 73º lugar. Os parâmetros usados na construção do indicador vêm sendo considerados na hora de definir a aplicação de recursos em estados e municípios.

Outros instrumentos internacionais dominados por executores e elaboradores das políticas públicas brasileiras também são contemplados neste trabalho. Entre eles, as Metas para a Infância com as quais a maior parte das Nações do mundo se comprometeu na *Cúpula Mundial pela Infância*, realizada pela Organização das Nações Unidas, em Nova York, em 1990.

O governo brasileiro, como o de outros países, presta contas sobre essas metas para a garantia dos direitos da criança, reconhecidas internacionalmente por sua relevância. Poucas foram atingidas, embora tenha havido avanços significativos na maioria.

PARA ENTENDER A PESQUISA

Os conceitos discutidos neste livro são subsidiados pelos resultados de um estudo especial realizado pela ANDI, seus parceiros e apoiadores sobre o tratamento dado pela mídia impressa ao tema Saúde da Criança. Foram avaliadas 993 reportagens relativas a essa temática, publicadas por 49 grandes jornais do País *(veja na página 17 a tabela com os veículos que mais se dedicaram a essa cobertura)*. O universo estudado corresponde a 12,33% dos 8.051 textos que falavam sobre questões associadas à saúde infantil, veiculadas durante todo o ano de 2001 por esses diários. As matérias analisadas abordam assuntos relacionados à saúde de crianças de até 12 anos, além de temas sobre maternidade adulta, embriões e fetos. Para que a pesquisa se concentrasse sobre um determinado foco da saúde infantil, não foram avaliados os seguintes temas que também apresentam uma interface direta ou indireta com ela: drogas, sexualidade, meio ambiente, violência, Aids e DSTs.

A pesquisa traz uma importante novidade em relação às análises que a ANDI e seus parceiros vêm regularmente realizando sobre o tratamento jornalístico dado às questões relacionadas com a infância e a adolescência. Ela inaugura, ainda como projeto piloto, uma avaliação de como os assuntos relativos ao Desenvolvimento Humano estão sendo cobertos pela mídia quando ela aborda temáticas como a saúde. Para fazer essa análise, além da seleção de matérias com foco na saúde infantil, foram avaliados 154 textos sobre Deficiências na Infância – o que corresponde a 10% do total de reportagens sobre esse assunto, publicadas nos principais jornais do País, também no decorrer do ano de 2001.

O Desenvolvimento Humano é uma idéia holística. Avalia a qualidade de vida de um povo a partir de diversos indicadores, entre eles condições de saúde, educação, renda e direitos políticos. Por esse motivo, impunha-se estudar o comportamento da mídia diante de mais um tema, naquele mesmo período da amostra estatística de Saúde da Criança. Comparando-se a freqüência com que os conceitos associados ao Desenvolvimento Humano apareciam nos dois temas – Saúde da Criança e Deficiências na Infância – foi possível avaliar de forma mais ampla o quanto a mídia brasileira já se apropriou das principais diretrizes deste importante marco teórico.

As etapas do processo

Para realizar este estudo quanti-qualitativo, a ANDI contou com a participação de especialistas renomados na área da saúde *(veja o perfil dos consultores na página 144)*. Depois de fazer uma leitura criteriosa de todo o material jornalístico, os especialistas contribuíram com a elaboração de um questionário, usado para classificar todas as matérias veiculadas no período.

Esse instrumento de pesquisa procurou avaliar dois conjuntos de itens: o primeiro, relativo aos temas conectados à saúde infantil;

o segundo, relacionado aos assuntos que pudessem identificar se as matérias levavam em conta o Desenvolvimento Humano.

Quanto aos temas da saúde, o questionário permitia analisar vários itens. Entre eles:

- Foco central da matéria, ou seja, a principal preocupação do texto.
- Como cada uma das reportagens tratava a principal temática abordada.
- Se o texto trazia discussões a respeito de prevenção e se apresentava causas, soluções e explicações sobre o problema tratado.
- Qual o tratamento dispensado à população: se ela é vista como detentora de direitos, como culpada ou como vítima.

Em outra parte do questionário, a preocupação era identificar questões como o tipo de matéria veiculada (se era um artigo, reportagem, entrevista ou editorial), a forma de abordagem, as fontes de informação ouvidas, o tamanho e os responsáveis pelos textos publicados.

Quanto aos itens relativos ao Desenvolvimento Humano, diversos aspectos puderam ser explorados. Confira alguns:

- A associação entre a abordagem da questão apresentada e os parâmetros universais de saúde, como saneamento e mortalidade infantil.
- A utilização de conceitos como os de Desenvolvimento Econômico e Social nas reportagens de Saúde da Criança e de Deficiências.
- A ligação dos temas de Saúde da Criança ou de Deficiências com outras questões relacionadas ao Desenvolvimento Humano, como direitos civis, educação e meio ambiente.

Após a elaboração do questionário, uma equipe de classificadores foi treinada para que se diminuíssem os possíveis problemas de subjetividade ao avaliar os textos. Com as matérias classificadas e processadas, os especialistas se reuniram mais uma vez para produzir uma análise qualitativa embasada nos conteúdos das reportagens e nos dados quantitativos. A margem de erro da pesquisa é de 0,4% para mais ou para menos.

A ANDI e seus parceiros também organizaram uma série de grupos focais e de entrevistas individuais com pessoas da cidade de São Paulo, de diferentes classes sociais, em maio e junho de 2002, para discutir o conteúdo da cobertura do tema da saúde infantil. Os resultados desses grupos estão na página 95.

JORNAIS QUE MAIS PUBLICARAM MATÉRIAS SOBRE SAÚDE DA CRIANÇA*

Gazeta de Alagoas (AL)	4,3%
Meio Norte (PI)	4,3%
Gazeta do Povo (PR)	4,1%
Jornal de Brasília (DF)	3,9%
Diário do Nordeste (CE)	3,4%
O Dia (RJ)	3,1%
Folha de S. Paulo (SP)	3,1%
Folha do Paraná(PR)	3,1%
A Notícia (SC)	3,0%
O Liberal (PA)	3,0%
Correio da Paraíba (PB)	2,8%
A Crítica (AM)	2,7%
Diário de Natal (RN)	2,7%
Estado de Minas (MG)	2,6%
Jornal do Commercio (PE)	2,5%
Tribuna do Norte (RN)	2,5%
Correio da Bahia (BA)	2,4%
A Gazeta (MT)	2,3%
O Estado de S. Paulo (SP)	2,3%
O Estadão do Norte (RO)	2,3%
O Povo (CE)	2,2%
Correio Braziliense (DF)	2,1%
A Gazeta (ES)	2,1%
Folha do Estado (MT)	2,0%
Diário da Amazônia (RO)	2,0%
Tribuna de Alagoas (AL)	2,0%
Diário de S. Paulo (SP)	1,9%
O Estado do Maranhão (MA)	1,8%
O Norte (PB)	1,7%
O Globo (RJ)	1,6%
O Popular (GO)	1,5%
Hoje em Dia (MG)	1,5%
A Tarde (BA)	1,5%
Correio do Sergipe (SE)	1,5%
Diário da Tarde (MG)	1,4%
Jornal do Brasil (RJ)	1,4%
Tribuna da Bahia (BA)	1,4%
Diário Catarinense (SC)	1,3%
Diário de Cuiabá (MT)	1,3%
Diário de Pernambuco (PE)	1,1%
Jornal de Tocantins (TO)	1,1%
Diário do Pará (PA)	1,0%
A Gazeta (AC)	0,8%
O Imparcial (MA)	0,8%
Zero Hora (RS)	0,7%
Jornal da Tarde (SP)	0,5%
Gazeta Mercantil (SP)	0,3%
Correio Popular (SP)	0,2%
Jornal O Dia (PI)	0,1%

**Este quadro é meramente quantitativo. Portanto, não é possível por meio dele aferir a qualidade das matérias publicadas pelos jornais. Os percentuais são relativos ao total de textos avaliados pela pesquisa coordenada pela ANDI – 993. Eles foram selecionados segundo amostragem estatística referente ao período de janeiro a dezembro/2001.*

1

Uma Questão de Qualidade de Vida

O bem-estar de uma população não é medido apenas pela ausência de enfermidades. Nesse quadro, fatores como condições de moradia e saneamento básico são decisivos

Um dos principais desafios para a saúde pública do planeta neste novo milênio é universalizar o acesso à água potável e ao saneamento básico. O último censo do Instituto Brasileiro de Geografia e Estatística (IBGE), realizado em 2000, revela que o Brasil ainda está longe de atingir essa meta. Nada menos de 22% dos domicílios brasileiros não são atendidos por rede de abastecimento de água. O Brasil tem mais de 9,8 milhões de residências nessas condições. Na região Norte, por exemplo, essa é a situação de mais da metade das casas. Ainda conforme o censo, 37% dos domicílios do País não possuem esgoto nem fossa séptica e 21% não integram a rede de serviços de coleta de lixo.

Ter acesso a uma moradia digna, à água de qualidade e a uma rede apropriada de saneamento básico são questões indissociáveis da promoção de saúde, especialmente em um País onde 51% das crianças menores de seis anos são pobres, de acordo com estudo do Instituto de Pesquisa Econômica Aplicada (IPEA). Nesse grupo, estão aquelas que, no final de 2001, viviam em famílias com renda per capita inferior a R$ 120,00. O fenômeno tem cortes raciais nítidos: o índice sobe para 65% entre crianças negras e cai para 38%, considerando apenas as brancas. Dos 22 milhões de brasileiros que não consomem a quantidade mínima de calorias diárias recomendada pela Organização das Nações Unidas (ONU), 70% são negros. Esses aspectos precisam ser levados em conta na hora de apurar e escrever reportagens sobre saúde na infância.

Em todo o mundo, segundo estimativa das Nações Unidas, nada menos de 12 milhões de pessoas morrem todos os anos em razão das chamadas doenças de origem hídrica. Nesse universo, a grande maioria é formada por crianças que vivem em países subdesenvolvidos.

De acordo com o relatório *Situação Global de Suprimento de Água e Saneamento 2000*, da Organização Mundial de Saúde (OMS), atualmente 2,4 bilhões de pessoas no mundo inteiro – quase a metade da população do planeta – não vivem em condições aceitáveis de saneamento e mais de 1,1 bilhão de indivíduos não tem sequer acesso a um sistema adequado de abastecimento de água.

Ainda conforme dados do documento, ocorre no mundo um total de 4 bilhões de casos de diarréia por ano, resultando em 2,2 milhões de mortes – e a maior parte das vítimas é de crianças de até cinco anos. O acesso garantido à água segura, à higiene e ao saneamento poderia reduzir de um quarto a um terço os episódios desses males.

Nos países da América Latina e Caribe, estima-se que existam 168 milhões de pessoas sem abastecimento de água e as doenças de origem hídrica estão entre as três principais causas de morte na região.

Entre quase mil textos sobre Saúde da Criança avaliados pela pesquisa coordenada pela ANDI, apenas 2,5% relacionam problemas de saúde com o acesso à água potável. E só 11% deles falam sobre temas ligados ao meio ambiente. Esgotamento sanitário e coleta de lixo são citados em 2,5%. O acesso a condições adequadas de moradia é mencionado em 1,2%.

A infância pobre no Brasil abriga uma grande quantidade de famílias chefiadas por analfabetos. Ainda assim, não há referências à questão educacional em 78,8% do material jornalístico usado na análise coordenada pela ANDI. Nos textos publicados por 49 jornais em 2001, a associação entre saúde e questões de raça e etnia também é ignorada, aparecendo em 0,6% das matérias.

BEM-ESTAR MATERNO

O combate à mortalidade infantil, tema caro aos jornalistas, esbarra hoje, sobretudo, na saúde materna. Embora o País venha reduzindo consideravelmente os índices de morte entre crianças, o desempenho brasileiro ainda é muito deficitário quando se analisam óbitos por doenças perinatais, aquelas que ocorrem nos primeiros dias de vida *(veja Glossário, na página 110)*. Essas afecções provocaram a metade das 71 mil mortes de menores de um ano de idade no Brasil no ano de 1998.

Reduzir esses óbitos é um desafio para o País, pois depende de fatores ligados às condições de saúde, nutrição, nível educacional da mulher e da família, atenção dada durante a gravidez, o parto e o pós-parto e, é claro, dos cuidados imediatos dispensados aos recém-nascidos. Entre as principais causas de morte nesse período estão prematuridade, doenças respiratórias, asfixia intra-uterina, baixo peso ao nascer, traumatismo obstétrico e infecção intra-uterina.

Realizada em 1996, a *Pesquisa Nacional sobre Demografia e Saúde* (PNDS) revelou um dado estarrecedor. A mortalidade é extremamente alta entre crianças cujas mães não têm acompanhamento tanto no pré-natal quanto no parto – situação mais freqüente entre as mulheres da zona rural. Nesses casos, a taxa é de 207 mortes em cada mil nascidos vivos. Entre aquelas que têm assistência no pré-natal ou no parto, o índice é de 63. Já entre as mulheres que contam com atendimento tanto no pré-natal quanto no parto, o número cai para 20 em cada mil nascidos vivos.

Gestantes em risco

O Brasil se comprometeu, na década de 1990, a reduzir pela metade a mortalidade materna *(veja texto e quadro "As Metas do Milênio", na página 82)*. A taxa de 68,9 mortes de mulheres entre cada 100 mil crianças nascidas vivas registrada em 1980 caiu apenas para 58,5 por 100 mil em 1998. De acordo com o relatório da Comissão Parlamentar de Inquérito sobre Mortalidade Materna, concluído em 2001. o sistema de registro e acompanhamento de mortes durante a gravidez, o parto e o pós-parto no Brasil ainda é incipiente. Estimativas apontam para uma taxa de 130 mortes de mulheres para cada 100 mil nascidos vivos.

De acordo com informações do Ministério da Saúde, essas mortes correspondem a cerca de 6% dos óbitos de mulheres entre 10 a 49 anos no Brasil. E as causas obstétricas diretas, que incluem problemas como síndromes hipertensivas, hemorragias, infecções decorrentes do parto e complicações do aborto, são responsáveis por mais de 60% das mortes maternas no País. Nesse contexto, um ponto não pode ser esquecido: a alta taxa de cesarianas no Brasil – que atualmente representa em torno de 36% de todos os nascimentos *(veja o artigo "Que parto é esse?", na página 27)*. Alguns estudos indicam que a cesariana é capaz de aumentar em sete vezes o índice de mortalidade materna e em até quatro vezes o de mortalidade infantil.

Prevenção é a saída

Sabe-se que a esmagadora maioria desses problemas poderia ser evitada com uma assistência de qualidade tanto no pré-natal quanto no parto e no pós-parto. Infelizmente, ainda há um número significativo de brasileiras que não passa por esse atendimento. De acordo com o relatório *Situação da Infância Brasileira 2001*, do Unicef, 32% das mulheres que vivem em áreas rurais não realizam nenhum tipo de controle pré-natal. Esse índice é menor na zona urbana – 8,6%.

Conforme dados do Datasus, sistema de informações do Ministério da Saúde, houve um aumento significativo do número de consultas de pré-natal nos últimos anos, passando de 1,8 milhão em 1994 para mais de 10 milhões em 2000. No entanto, só 10 unidades da federação alcançam o número de 50% das mulheres grávidas que realizam pelo menos as seis visitas ao médico durante a gravidez. Este é o número recomendado pela Organização Mundial de Saúde (OMS).

Gravidez na adolescência

A saúde materna coleciona estatísticas que merecem a atenção da mídia. Mas também precisa ser levada em conta quando o assunto da cobertura é a Saúde da Criança. A *Pesquisa Nacional sobre Demografia e Saúde* (PNDS) de 1996 mostrou que 18% das adolescentes entre 15 e 19 anos já haviam engravidado pelo menos uma vez. Segundo informações disponibilizadas pelo Datasus, 25,74% dos 2,6 milhões de partos feitos na rede pública de saúde do País ao longo do ano de 1999 foram em meninas nessa faixa etária.

A gravidez na adolescência está diretamente associada à piora dos indicadores de saúde de bebês. Outro aspecto a ser observado é que quanto mais anos freqüentando a escola, menor a chance de a garota engravidar. A PNDS/96 revelou que, entre as meninas sem qualquer escolarização, mais da metade já havia engravidado. Entre garotas com mais de nove anos de estudo, o índice cai para 6,4%. A comparação reforça de maneira inquestionável a influência da educação sobre diversos contextos relacionados à saúde.

COMO APARECEM AS QUESTÕES DE GÊNERO NOS TEXTOS ANALISADOS PELA PESQUISA *MÍDIA E SAÚDE DA CRIANÇA*

Faz relação com a saúde	0,3%
Faz algum tipo de associação com a mãe chefe de família	0,1%
Não faz menção	99,6%

A VOZ DA REDAÇÃO

Mestre em história social pela Universidade Estadual de Campinas (Unicamp), Marta Avancini trabalhou como repórter na *Folha de S. Paulo* (1994-2000) e em *O Estado de S. Paulo* (2000-2002). Desde 1997, especializou-se em assuntos sociais, sobretudo Educação. Em agosto de 2002, começou a atuar como assistente de pesquisa da Unesco.

O estudo coordenado pela ANDI mostra que a imprensa não fala de saúde materna ao fazer reportagens sobre saúde infantil. Por que a mídia tem dificuldade em fazer essa associação? A mídia, em geral, tem muita dificuldade de trabalhar com associações de temas e problemáticas. Não é algo restrito às questões relativas à Saúde da Criança e da mãe. Isso se deve, em parte, à própria característica dos meios de comunicação e à maneira como eles são estruturados. Quando falo das características, estou me referindo ao fato de que, normalmente, a mídia está preocupada com o imediato, o sensacional. Assuntos de política e economia são priorizados e aqueles de cunho mais nitidamente social perdem espaço e importância dentro de uma edição. Já quando falo em organização, me refiro ao fato de que os assuntos sociais são tratados como temas distintos entre si.

A maioria das matérias também não traz opiniões das mães. Você considera relevante entrevistar a família e a própria criança? Todos os editores que tive sempre pediram para ouvir as pessoas que estão diretamente envolvidas em um fato ou situação. Acho que essa é a orientação geral de jornais, tevês e revistas. Ou seja, os jornalistas ouvem as mães, os alunos, os professores, mas nem sempre o resultado dessas entrevistas é incorporado ao material publicado. Isso acontece por causa do problema crônico dos jornais: espaço.

Quando é preciso cortar uma matéria, normalmente é o chamado "personagem" que é descartado. Mas há um outro aspecto que merece reflexão: acredito que, dependendo do tipo de reportagem, não é necessário ouvir o "personagem". Muitas vezes, ele entra no texto como um "adorno" para comprovar uma tese. Se, no caso das matérias sobre saúde infantil, a mãe for incorporada dessa maneira, não acrescenta muito.

Saúde e educação aparecem dissociadas no material avaliado pelos consultores. O problema está na mídia ou nas fontes, que ainda não têm ou não conseguem passar a idéia de que as duas áreas estão ligadas? A maneira como um tema é apresentado pela fonte ao jornalista varia muito, pois cada fonte tem a sua própria visão do assunto. Mas não dá para atribuir a responsabilidade pela falta de articulação de temas à fonte, porque quem constrói a informação é o jornalista. É verdade, porém, que se o entrevistado mostra a complexidade do assunto e a teia de relações que existe em torno dele, isso pode abrir novas possibilidades para o repórter. Essa abordagem é importante sobretudo num contexto como o que estamos vivendo, em que os repórteres especializados na área social são cada vez mais raros.

Além disso, a idéia de que é necessário discutir políticas públicas e participar da formulação delas (integradas ou não) é relativamente nova no Brasil e está ligada ao processo de organização da sociedade civil, que se intensificou nos anos 1990. Isso explica o comportamento da mídia, mas não justifica. A grande imprensa poderia tratar os temas de modo mais aprofundado, articulado, desde que mudasse um pouco o ponto de vista a partir do qual apreende e compreende a realidade.

Mas, infelizmente, até hoje nenhum grande órgão de imprensa topou o desafio de vestir essa camisa ou, o que pode ser pior (e mais triste), percebeu que essa postura poderia ser algo importante em termos de tratamento editorial.

A visão fragmentada da saúde registrada pela imprensa ignora personagens centrais na garantia desse direito da criança: as mães. Embora o aleitamento materno seja o segundo tema mais abordado na cobertura e questões obstétricas apareçam em quarto lugar, as mães praticamente não foram ouvidas nas 993 matérias analisadas pela pesquisa *Mídia e Saúde da Criança*. A imprensa também raramente discute a paternidade. Outra pesquisa coordenada pela ANDI, sobre a cobertura de *Saúde do Adolescente* em 2001, mostrou que, ao abordar a gravidez na adolescência, a grande maioria das reportagens traz um enfoque direcionado apenas para a mãe, esquecendo do fundamental papel do pai.

A relação direta entre o número de anos estudados pela mãe e melhores indicadores de saúde entre seus filhos é comprovada por diferentes pesquisas. Mas esse aspecto aparece pouquíssimo no noticiário. As escassas matérias que relacionaram o grau de escolaridade da mulher a aspectos de Saúde da Criança tiveram como foco questões relativas ao aleitamento materno, questões obstétricas, alergias, cuidados básicos e divulgação de algum evento.

OS ASSUNTOS MAIS ABORDADOS PELAS MATÉRIAS, SEGUNDO A PESQUISA *MÍDIA E SAÚDE DA CRIANÇA*

1) Questões Variadas de Políticas Públicas	17,2%
2) Aleitamento	6,3%
3) Vacinação	5,5%
4) Questões Obstétricas	5,3%
5) Mortalidade Infantil Questões Variadas sobre Sociedade Civil	4,8%
6) Desnutrição	4,3%
7) Doenças Infecto-Contagiosas	3,8%
8) Doenças Respiratórias	2,6%
9) Saúde Bucal	2,3%
10) Pesquisas	2,1%
11) Doenças Tropicais Alimentação	2%
12) Eventos Desenvolvimento Infantil	1,9%
13) Câncer Infantil	1,5%
14) Medicamentos Fertilização/Clonagem	1,4%
15) Vacinação da Mulher	1,3%
16) Aborto Doenças Oftalmológicas	1,2%
17) Doenças do Ouvido/ Nariz/ Garganta Obesidade Acidentes Domésticos	1,1%
18) Cuidados Básicos com Crianças	1%
19) Doenças Genéticas Outras Doenças Infantis Questões do Setor Privado Transtornos Mentais/Psiquiátricos – Mãe Tumores Benignos ou Malignos Doenças Cerebrais/Sistema Nervoso Doenças Digestivas Relatórios Organizações Internacionais	0,9%
20) Doenças Perinatais Novos Exames e Tratamentos	0,7%
21) Treinamento de Pessoal Alergias Parto Humanizado Mortalidade Materna Doenças Imunológicas /Sangue	0,6%
22) Carências Nutricionais Problemas Ortopédicos Doenças Cárdio-Circulatórias	0,4%
23) Doenças de Pele Transplantes Suplementos Alimentares	0,3%
24) Questões Ginecológicas Questões Estéticas Diabetes Intoxicação Alimentar Seca	0,2%
Outros*	4%

**O percentual do item "Outros" é composto por diversos temas que, isoladamente, não correspondem a mais de 0,1% das matérias. Entre esses assuntos ignorados pela cobertura estão questões importantes, como saúde familiar e indígena.*

Artigo

QUE PARTO É ESSE?

*por Ciça Lessa**

É risco inerente da mídia ser parcial, refletindo os próprios limites do jornalista de apreender e compreender determinado assunto. Mas é exatamente contra essa questão que devemos estar atentos e agir. Na editoria de cidade, cobra-se sensibilidade social. Na de política, uma atitude equânime. Na editoria de saúde, o que se buscam são informações científicas e atualizadas, capazes de traduzir os avanços da pesquisa.

A cobertura jornalística sobre parto, por exemplo, não consegue seguir este parâmetro de qualidade: padece da predominância da cultura da cesárea no Brasil, que virou um critério orientador da pauta, relegando ao silêncio (ou a espaços alternativos) pesquisas sérias, práticas comprovadamente seguras adotadas por médicos que têm obtido resultados excelentes, confirmações científicas da importância do parto normal ou natural para a mulher e o bebê.

Pouco se esmiuça por que, afinal das contas, o Brasil tem uma das mais altas taxas de cesárea do mundo – como se o dado fosse não só aceitável como também imutável. Por que nos hospitais públicos essas taxas têm decrescido ano a ano (em 2000 e 2001 o número se estabilizou em cerca de 24% de cesáreas, segundo dados do SUS), enquanto nos hospitais privados – dos quais se têm apenas estimativas – os partos com intervenção cirúrgica são 70% do total, de acordo com cálculos do Ministério da Saúde (mas algumas fontes falam de até 90% em certas maternidades)?

É bom lembrar que a Organização Mundial de Saúde estabelece como parâmetro aceitável a taxa limite de 15% de cesáreas para o total de partos realizados. Muitos países, entre os mais desenvolvidos e ricos, contam com taxas bem menores – e também menor morbi-mortalidade materna e neonatal.

Preferência nacional?

É preciso estar alerta contra pressupostos errôneos que podem orientar a definição e a abordagem de pautas, além da escolha dos especialistas a serem entrevistados. Também não podemos deixar adormecida a capacidade de contra-argumentar, investigar, confrontar dados e opiniões.

Diz-se que a mulher brasileira prefere a cesárea. A tese, porém, cai por terra frente aos resultados de uma pesquisa realizada pelo Núcleo de Estudos Populacionais da Universidade Estadual de Campinas (Unicamp) e Universidade do Texas, demonstrando que a mulher brasileira, de todas as classes sociais, deseja ter um parto normal (vaginal) – e acaba 'mudando de idéia' ao longo da gestação. Divulgada na *British Medical Journal*, volume 323, de 17 de novembro de 2001, seus dados permanecem praticamente inéditos na grande mídia brasileira.

Diz-se também que a cesárea é segura. É indiscutível, sim, o fato de que as cesarianas protegem vidas de mães e bebês em situações de emergência, mas pesquisas recentes começaram a enfocar os riscos dessa operação. Além dos perigos óbvios para a mãe, associados a qualquer cirurgia do porte, há evidências substanciais de que os bebês nascidos por cesariana estão mais sujeitos a complicações (como dificuldades respiratórias) do que os nascidos de parto normal.

Mais riscos para mãe e filho

Segundo um estudo de 1991, feito na Cidade do México, bebês de peso normal que nascem por cesariana tinham 2,5 vezes mais probabilidade de morrer no período imediatamente posterior ao nascimento. Considerando ocorrências com a mãe, a mortalidade pós-parto nas cesarianas é relatada como sendo dez vezes superior à do parto vaginal. A incidência de hemorragia e infecções aumenta na mesma proporção.

Diz-se, ainda, que a cesárea é rápida. De fato, o procedimento em si dura pouco. Mas a recuperação do organismo da mulher é mais demorada – quer pelo lento processo de cicatrização, quer do ponto de vista fisiológico, pela menor velocidade de retorno do organismo à situação anterior à gestação.

A cesárea, por manipular a cavidade abdominal, promove alterações regenerativas e inflamatórias de órgãos, podendo ocasionar, por exemplo, dores crônicas e mesmo emergências cirúrgicas anos após o parto. A maior incidência de depressão pós-parto em mulheres que tiveram cesáreas também tem sido alvo de importantes estudos.

Um artigo publicado em *The Population Council*, no ano de 2000, por Kristine Hopskins, professora na University of Texas, em Austin (EUA), cuja tese de pós-doutorado é sobre as condições em que o parto das brasileiras costuma se transformar numa cesárea, alerta: matérias na mídia brasileira em geral retratam a mulher como tendo optado ativamente pela cesárea. Acontece, no entanto, que os médicos têm maior poder de decisão que elas nas salas de pré-parto e parto. Baseada em entrevistas documentadas com médicos, gestantes e parturientes, registradas no vídeo *Nascer no Brasil* (2002), a análise de Hopskins ressalta que a mulher, muitas vezes, não está certa do que deve ser feito e o médico usa de sua autoridade para persuadi-la a escolher o parto cirúrgico.

O desafio em toda e qualquer matéria sobre parto é, portanto, não se restringir aos modelos hoje usuais no País – pelo simples motivo de vivermos numa realidade enviesada por uma prática médica que precisa ser analisada, questionada e revista.

**Ciça Lessa é Jornalista Amiga da Criança, especializada nas áreas de comportamento e de sexualidade. Ela está desenvolvendo projeto de divulgação de evidências científicas e pesquisas sobre parto, em parceria com Adriana Tanese Nogueira, co-fundadora do site* www.amigasdoparto.com.br.

A VOZ DA REDAÇÃO

Repórter da *Folha de S. Paulo* desde fevereiro de 2000, Gabriela Athias se especializou na cobertura da área de Políticas Públicas. Antes de trabalhar na *Folha*, passou pela redação de *O Estado de S. Paulo*, entre 1998 e 2000.

Uma das principais constatações da pesquisa coordenada pela ANDI é a de que a imprensa trata a saúde como doença. Essa é uma visão só da mídia ou também da sociedade? Acho que essa não é a visão da mídia como um todo. As reportagens sobre saúde veiculadas nos jornais maiores normalmente associam saúde com qualidade de vida. Um sinal é que as taxas de mortalidade infantil e materna são freqüentemente citadas como indicadores de qualidade. Uma busca rápida no arquivo da *Folha* em 2001 mostra que foram produzidos 101 textos associando doença à falta de qualidade de vida. É uma média de uma reportagem a cada três dias.

Mas é inegável que a contextualização das notícias na área social pode, e deve, ser aprimorada. É preciso que os estudantes de jornalismo cultivem o senso crítico para que cheguem às redações aptos a imprimi-lo nas suas reportagens. Já do ponto de vista da sociedade, está cada vez mais claro que as doenças evitáveis, como diarréias e infecções respiratórias, são decorrentes de falta de saneamento e de boas condições de higiene.

Por que, em geral, a imprensa não faz associações entre condições sanitárias e qualidade de vida? Os grandes jornais costumam fazer pelo menos um ou dois investimentos editoriais pesados por ano, dirigidos à Saúde da Criança, em que essas relações são feitas. Tais assuntos também são tratados em artigos e pequenas reportagens diárias. Concordo que os jornais deveriam cobrir melhor o tema, mas há que se discutir se o papel da imprensa é "panfletar" as mazelas sociais ou incluí-las de forma transversal nos seus textos. Cito um parágrafo da coluna de Clóvis Rossi, publicada na *Folha* no dia 8 de agosto de 2002, em meio às discussões sobre uma eventual quebradeira do Brasil e um novo acordo que trouxe ao País Us$ 30 bilhões: "Um País que está entre as 12 maiores economias do mundo, mas é apenas o 73º em Desenvolvimento Humano, já quebrou. Um País em que foi recortado, pela violência, o direito constitucional de ir e de vir, já quebrou".

Como melhorar a qualidade desse noticiário? Os jornalistas devem se preparar melhor para cobrir o setor. É necessário visitar postos de saúde, andar pela periferia, conversar com lideranças comunitárias, técnicos, ONGs. Só assim terão um olhar crítico em relação à pauta sugerida pelo Poder Público. Também é dessa forma que conseguirão relacionar a cobertura do factual com a conjuntura do País.

DESNUTRIÇÃO E OBESIDADE: DUAS QUESTÕES DE SAÚDE PÚBLICA

Os assuntos relacionados com a nutrição e a desnutrição são sempre relevantes. Embora o número de crianças brasileiras desnutridas venha diminuindo, as estatísticas oficiais indicam que esse problema está se concentrando na faixa etária entre seis e 18 meses – período que coincide com o desmame. Vale a pena investir em reportagens que enfoquem a importância da dieta adequada em todas as fases da infância.

Além do quadro clássico, chamado de desnutrição energético-proteica (DEP), as crianças são afetadas pelas carências de micronutrientes, a chamada fome oculta. Esse problema está ligado à escassez de certas substâncias no organismo, como o ferro, a vitamina A e o iodo. A deficiência de ferro é a carência nutricional específica mais comum tanto em países ricos como nos pobres. Segundo a Organização Mundial da Saúde (OMS), metade das crianças menores de quatro anos que vivem em nações em desenvolvimento sofre de anemia ferropriva.

No Brasil, pesquisa realizada pela Universidade Federal de São Paulo (Unifesp), em 2000, constatou que 49% das crianças matriculadas em creches apresentam anemia ferropriva. Quando a criança tem anemia, ela não consegue interagir facilmente com o meio ambiente, fica cansada com freqüência e mostra apatia. Na primeira infância, esse problema pode atrasar o desenvolvimento psicomotor e comprometer o desenvolvimento cognitivo.

Uma das principais conseqüências da falta de vitamina A é o enfraquecimento do sistema imunológico. Isso deixa o organismo mais suscetível a doenças como o sarampo e a diarréia, que provocam a morte de milhões de crianças por ano em todo o mundo.

Já a deficiência de iodo é a maior causa evitável de retardamento mental no mundo. A falta dessa substância é capaz de provocar graves danos no desenvolvimento intelectual da criança. Um dos problemas mais sérios relacionados com a ausência desse nutriente é o cretinismo. A criança que sofre desse mal tem cabelos ralos, pele mais espessa e não consegue interagir socialmente. Na gravidez, a ausência de iodo pode causar aborto. A meta estimulada pelas autoridades mundiais de saúde pública é a de que 90% das famílias consumam sal com iodo. No Brasil, esse patamar ainda não foi atingido. O percentual gira em torno de 88%.

O Ministério da Saúde e a Opas (Organização Pan-Americana de Saúde) lançaram, em 2001, o *Guia Alimentar para Crianças Menores de Dois Anos*. O documento é uma fonte permanente de consulta e de pautas e está disponível no site *www.opas.org.br*. O livro traz recomendações para a nutrição da criança nessa fase, que foram resumidas em dez passos:

- Dar somente leite materno até os seis meses.
- Depois dos seis meses, oferecer de forma lenta e gradual outros alimentos, mantendo o leite materno até os dois anos de idade ou mais.
- A partir dos seis meses, dar alimentos complementares – como cereais, tubérculos, carnes, frutas e legumes – três vezes ao dia se a criança mama e cinco vezes se estiver desmamada.
- A dieta complementar deve respeitar a vontade da criança.
- A alimentação complementar deve ser espessa desde o início e oferecida de colher. Deve começar com consistência pastosa – papas e purês – até chegar, gradativamente, à dieta da família.
- Dar à criança diferentes alimentos ao longo do dia.
- Estimular o consumo diário de frutas, verduras e legumes.
- Evitar açúcar, café, enlatados, frituras, refrigerantes, balas, salgadinhos nos primeiros anos de vida. Usar sal moderadamente.
- Cuidar da higiene no preparo e no manuseio de alimentos, garantir o armazenamento e a conservação adequados.
- Estimular a criança que está doente e convalescente a comer, oferecendo sua dieta habitual e comidas preferidas, respeitando a sua aceitação.

Tevê, crianças e alimentação

Outro assunto tem preocupado os especialistas: a obesidade. Ela afeta cada vez mais pessoas em todo o planeta e não escolhe classe social nem idade. Nos Estados Unidos, um levantamento do CDC (Centro de Controle e Prevenção de Doenças) em 1999 mostrou que 13% das crianças entre seis e 11 anos estavam acima do peso. Entre 1988 e 1994, o índice era de 11%.

No Brasil, algumas pesquisas de âmbito regional apontam que a obesidade também está crescendo e afetando um número cada vez maior de crianças. Atentos a isso, pesquisadores do Laboratório de Nutrição e Comportamento da Faculdade de Filosofia, Ciências e Letras da Universidade de São Paulo (USP), em Ribeirão Preto, resolveram investigar a influência da televisão sobre os hábitos alimentares da garotada.

Os Parâmetros Universais de Saúde, indicadores que medem a qualidade de vida de uma população, são mencionados em 36,3% do material analisado pelos consultores reunidos pela ANDI. Mortalidade infantil é o mais citado, seguido por imunização. Esses são índices de fácil obtenção, disponíveis no site do Ministério da Saúde e em várias publicações sobre o tema. Outros referenciais essenciais para investigar a promoção de saúde poderiam ser mais explorados. A relação entre idade, peso e altura, um indicador do desenvolvimento físico das crianças, só surge em 2,4% dos textos. O acesso a remédios, parâmetro também valioso do real alcance das políticas públicas na área, está presente em apenas 1,5% das matérias *(veja tabela na página 32)*.

INDICADORES MAIS CITADOS

Mortalidade Infantil	11,9%
Imunização	9,2%
Acesso a Exames Especializados	4%
Mortalidade Materna	2,8%
Acesso à Rede de Esgoto e Coleta de Lixo	2,5%
Crianças Abaixo do Peso	2,4%
Acesso a Tratamento Dental	1,6%
Acesso a Remédios	1,5%
Acesso à Condição Habitacional	1,2%
Taxa de Fertilidade	1,0%
Acesso à Água Potável e Encanada	1,0%
Comprometimento Intelectual	1,0%
Expectativa de Vida	0,5%
Matérias que não apresentaram nenhum indicador	63,7%

Entre os textos avaliados pela pesquisa Mídia e Saúde da Criança, *36,3% fazem alguma relação com os Parâmetros Universais de Saúde.*

A soma da tabela acima é maior que 100% porque as reportagens que fizeram essa associação poderiam apresentar um ou mais indicadores.

Após analisar comerciais veiculados em três redes de tevê aberta, os cientistas chegaram à conclusão de que 25% das propagandas se referia a anúncios de alimentos e nesse universo 50% eram publicidade de comidas de alto valor calórico.

O problema do sedentarismo

Para o coordenador do estudo, Sebastião de Sousa Almeida, o fato de nossas crianças passarem a maior parte do tempo diante da tevê já é, em si, prejudicial, pois acaba tornando-as cada vez mais sedentárias. Mas a situação pode piorar se elas têm acesso a alimentos altamente calóricos. Depois de saber que 50% das propagandas eram sobre esse tipo de comida, a equipe de Almeida foi checar se exerciam influência nos hábitos alimentares da casa. Os pesquisadores entrevistaram 700 famílias com filhos de seis a 16 anos, matriculados em colégios particulares de Ribeirão Preto e Bauru, e concluíram que quanto mais a criança fica em frente à tevê, maior é o índice de obesidade e maior a proporção desses alimentos gordurosos na compra mensal da família. Também verificaram que cerca de 30% dessas crianças estavam acima do peso.

A participação da mídia

O pesquisador acha que cabe à imprensa papel fundamental no combate à obesidade infanto-juvenil: o de tentar traduzir para uma linguagem clara e didática as informações e as pesquisas produzidas pela comunidade científica. Ao agir assim, a mídia conseguiria ajudar os especialistas na tarefa de mudar os hábitos da população. "A obesidade tem que ser atacada em várias frentes e uma delas é a educação, na qual a imprensa tem missão importantíssima", diz Sebastião Almeida.

De acordo com ele, algumas medidas para limitar a propaganda de alimentos gordurosos já estão sendo discutidas em países desenvolvidos. Na Europa, por exemplo, há um debate sobre normas capazes de regular essa publicidade, nos moldes do que já aconteceu com a do tabaco e do álcool. Em outra frente, levanta-se a hipótese de aumentar os impostos sobre esses alimentos altamente calóricos. Para Almeida, essas discussões são importantes e deveriam estar acontecendo também no Brasil. "Elas sinalizam que o Estado começa a perceber a necessidade de investir na prevenção para evitar gastos com o tratamento dessas pessoas mais tarde", acredita.

SAÚDE: CONDIÇÃO PARA O APRENDIZADO EDUCAÇÃO: CONDIÇÃO PARA A SAÚDE

A relação entre os problemas de saúde e a situação educacional do País aparece em um quinto das 993 reportagens avaliadas pela pesquisa *Mídia e Saúde da Criança*. Embora haja espaço para ampliar a discussão sobre a interface entre as duas áreas, o percentual mostra que já existe uma sensibilidade por parte da imprensa a respeito dessa ligação.

Mas é necessário estar atento às armadilhas que rondam a associação entre os dois setores. No livro *Saúde & Educação*, o pediatra Jairo Werner, que participou desta análise de mídia, explora distorções conceituais do ponto de vista de profissionais que atuam na área e do próprio sistema de saúde. O exercício ajuda a entender o reflexo dessa abordagem na mídia.

Um grande perigo é atribuir às condições de saúde do aluno a responsabilidade por problemas que são, na verdade, do sistema de ensino. "As altas taxas de fracasso escolar, representadas pela repetência e pela exclusão do aluno da escola, passam a ser explicadas por deficiências situadas na criança. Nessa linha são incluídas as deficiências nutricionais e sensoriais e os problemas de comportamento vistos como disfunções neurológicas, tais como a hiperatividade (...)", afirma o pediatra.

Jairo Werner localiza, nesse ponto, um gargalo nas políticas de saúde e educação. A garantia da saúde como condição para o aprendizado teria ficado de fora das políticas públicas para a área de saúde no Brasil e estaria insuficientemente atendida pelas iniciativas no âmbito da educação.

É importante chamar a atenção para um ponto: apenas 0,5% das reportagens focalizadas pela pesquisa *Mídia e Saúde da Criança* apresentam como foco central a política governamental geral para a infância. Sem dúvida nenhuma, tal abordagem traria maior aprofundamento da interface entre saúde e as outras políticas públicas sociais.

Inversão de papéis

Nessa relação também fica explícita a tendência dos profissionais que integram as redes de saúde e educação a reproduzir um discurso que coloca a culpa na vítima.

A VOZ DA REDAÇÃO

Integrante da equipe que fundou a revista *Superinteressante* em 1987, a jornalista Lúcia Helena de Oliveira tem 20 anos de profissão, 15 dos quais dedicados aos temas relacionados à saúde. Em 1998, assumiu a direção da revista *Saúde!*, da editora Abril.

Aspectos como prevenção, promoção e proteção de saúde foram pouco abordados nas matérias sobre Saúde da Criança. Por que a mídia não adota esse enfoque? Na imprensa do mundo inteiro há pouco espaço para matérias sobre Saúde da Criança. Na mídia brasileira não é diferente, até porque, muitas vezes, ela se inspira em pautas internacionais. Portanto, temos a seguinte situação: a imprensa já fala pouco sobre esse assunto e, quando fala, na busca por pautas quentes, cai na cilada de só explorar as novas pesquisas que, em sua maioria, não são na área da prevenção – pelo menos no que diz respeito à saúde infantil. O resultado é que a mídia acaba tomando a direção da abordagem de doenças. Isso é um equívoco. Quando a gente fala de prevenção na infância está falando de prevenção na vida inteira. Muitas doenças que aparecem na fase adulta têm origem em maus hábitos cultivados desde cedo.

Os cuidados básicos com as crianças são um tema pouco atraente para a mídia? Há uma certa tendência nas redações de encarar as matérias sobre Saúde da Criança e do Adolescente como assuntos menos importantes. Também há preconceito em falar das questões do dia-a-dia, das coisas normais. Os jornalistas estão sempre à procura dos fatos grandiosos.

Por isso, temas como a higiene do bebê, que podem render belas pautas, não são explorados. Os jornalistas pensam o seguinte: para que escrever sobre hábitos tão básicos como a importância de uma alimentação saudável ou de uma boa saúde dos dentes e da boca? Por outro lado, os leitores – em sua maioria, de classe média – acham que não precisam se informar sobre a dengue ou o sarampo e acreditam que seus filhos não vão ter piolho nem verme. Falar sobre tudo isso é importante porque sua abordagem é uma forma de educar a população.

Questões de raça e etnia também não são consideradas nas matérias sobre Saúde da Criança. Para você, por que isso acontece? Porque o Brasil não olha para o Brasil. E esse não é um problema só da cobertura sobre Saúde da Criança. A grande imprensa, em geral, não enxerga todas as raças, todas as culturas que convivem aqui. Tende a retratar apenas da realidade do eixo Rio/São Paulo, da classe média, do Brasil urbano.

Como vocês tentam levar em conta essas diversidades? Temos procurado ampliar nosso olhar. Em 2000 eu fiz uma reportagem sobre anemia falciforme – mal causado por um gene originário na África e que, por conta da miscigenação brasileira, hoje é uma doença que afeta não só os negros, mas também mulatos e brancos.

Descobri essa pauta por acaso. Uma pessoa da minha família me pediu para ajudar a Associação de Anemia Falciforme de São Paulo, que estava passando por dificuldades. Aí, comecei a pesquisar o assunto, fiquei assustada com a gravidade da questão e me perguntei: como é que eu ainda não fiz essa matéria? É uma doença que atualmente afeta um em cada 500 brasileiros e eu não enxergava.

Acho que a gente está tentando contemplar todas as facetas dessa infância. Quando assumi a direção da *Saúde!*, em 1998, a revista não abordava temas relacionados a crianças porque se acreditava que a publicação era direcionada para mulheres mais velhas que não tinham interesse em ler esses assuntos. Logo nas primeiras edições começamos a fazer matérias sobre saúde infantil até que, em 2000, criamos uma seção só para tais temas. Já avançamos, mas de qualquer maneira ainda estamos aquém do que deveríamos.

O mesmo padrão aparece nas matérias analisadas pela pesquisa coordenada pela ANDI, mostrando que o noticiário reflete, em grande medida, a visão das próprias fontes de informação a respeito dos usuários do sistema de saúde, como bem diagnostica Jairo Werner.

Na opinião do médico, o preconceito em relação às famílias mais pobres fica transparente no discurso social, refletido também nos meios de comunicação de massa.

De acordo com ele, existe a tentativa de justificar a ausência de saúde como se o problema fosse conseqüência da ignorância dessas famílias sobre conhecimentos científicos capazes de levá-las a hábitos e modos de vida mais saudáveis. Dessa maneira, o impacto negativo de políticas ineficazes e de um atendimento de saúde precário é amenizado.

"A concepção dominante é de que a saúde é uma questão de responsabilidade individual, negando-se os determinantes sociais do processo saúde/doença e localizando na ignorância do indivíduo o motivo pelo qual ele vive em condições precárias e tem hábitos alimentares e de higiene inadequados que o impedem de ter saúde", diz o pediatra Jairo Werner, em seu livro.

Apenas 13,6% das reportagens analisadas pelos consultores tratam a população como detentora de direitos. Na contramão, outras 13,6% a apresentam como culpada pela situação em que se encontra e 63,6%, como carente.

COMO A POPULAÇÃO É TRATADA, SEGUNDO A PESQUISA *MÍDIA E SAÚDE DA CRIANÇA*

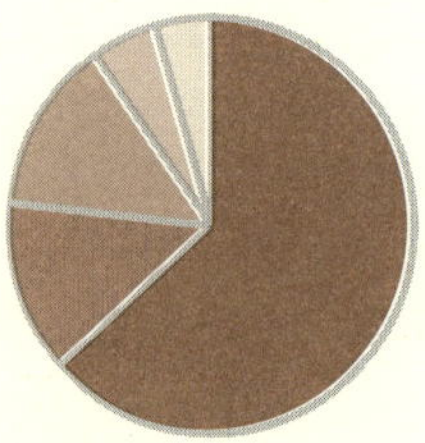

Carente – 63,6%

Culpada – 13,6%

Detentora de Direitos – 13,6%

Responsável pela solução – 5,3%

De forma preconceituosa – 4,5%

Artigo

QUAL É O STATUS DA CRIANÇA NO BRASIL?

*por Marcelo Neri, Daniela Costa, Hessia Costilla, Alexandre Pinto, Wagner Soares**

Infelizmente, a resposta para a pergunta acima ainda não é das mais animadoras. Ao compararmos a qualidade de vida das crianças brasileiras com a de outros grupos etários, percebe-se que elas levam desvantagem. Um dos caminhos para avaliar a distribuição etária das condições sociais é considerar o processo de repartição das diversas rendas no bojo das famílias.

Nesse sentido, conceitos adequados para auferir o bem-estar seriam baseados em dados como a insuficiência de renda familiar *per capita*. A maior taxa de insuficiência de renda por faixa etária está exatamente na população com até cinco anos de idade: 39% contra 25% do conjunto da sociedade. É bom lembrar que cerca de 45% dos indigentes brasileiros têm menos de 15 anos de idade.

A análise de alguns indicadores sociais consolida a imagem das crianças como o grupo prioritariamente desfavorecido de nossa sociedade. O desnível no que se refere à cobertura de serviços públicos entre as estatísticas das crianças e as de todas as faixas etárias da sociedade brasileira corresponde a 55% contra 64% em água encanada, 78% contra 84% em esgoto e 66% contra 73% em coleta de lixo.

Índices desfavoráveis

Esse viés contrário às crianças é observado numa extensa lista de indicadores sociais. E é importante notar que os dados de acesso a serviços públicos citados são determinantes fundamentais das condições de saúde dos indivíduos.

Antes de avaliar especificamente a questão da saúde infantil, é conveniente distinguir os conceitos de eqüidade em saúde e no consumo de saúde. O primeiro avalia as diferentes chances de extratos populacionais distintos adquirirem doenças ou morrerem. Já o segundo analisa as diversas condições de acesso e qualidade dos serviços.

Na Constituição de 1988 a questão de eqüidade foi definida como igualdade no acesso aos serviços de saúde, uma vez que garantiu a universalidade da cobertura e do atendimento, com o propósito de fornecer igual oportunidade de acesso a esses serviços para indivíduos com as mesmas necessidades.

As estatísticas que permitem uma avaliação das condições de saúde dos grupos etários foram geradas a partir dos microdados da *Pesquisa Nacional de Amostras por Domicílios* (PNAD), de 1998. A pergunta base presente nesse levantamento, que permite avaliar o uso do sistema de saúde, é a seguinte: "procurou serviços de saúde nas últimas duas semanas"? Verifica-se que 83% das crianças com até cinco anos de idade responderam que não. Na faixa entre seis e 10 anos, esse percentual passou para 91%. No grupo de 11 a 15 anos, o número foi de 92%. O maior percentual de respostas afirmativas foi obtido entre os idosos: 22% daqueles com mais de 70 anos responderam que procuraram serviços de saúde nas últimas duas semanas.

Visitas escassas ao dentista

Entre as crianças, as principais razões de procura dos serviços médicos são doenças em geral, vacinação e exame de rotina ou prevenção. Um dado impressiona: a taxa de crianças menores de cinco anos que nunca foram ao dentista: 81%. Mas o percentual daquelas que se consultaram com esse profissional nos últimos dois anos cresce conforme a idade aumenta. Para pessoas entre 11 e 15 anos, esse número é de 66%.

Alguns dos problemas de saúde que mais afetam as crianças são asma e bronquite. Vamos aos números: 8% das que têm menos de cinco anos de idade reportaram esses problemas na pesquisa. Esse percentual é de 6% para aqueles que têm entre seis e 10 anos, e 4% para os de 11 a 15 anos.

Os números mostram ainda que a proporção de indivíduos que procuram serviços de saúde por motivo de prevenção ou exame de rotina é mais elevada entre os idosos. Também é nessa faixa etária que está o maior percentual de pessoas com acesso a planos de saúde – 25% da população mais idosa possui esse ativo. A pior condição econômica é justamente das famílias com filhos pequenos. Apenas 20% das crianças com menos de cinco anos têm acesso a plano de saúde.

O baixo padrão de qualidade no sistema público abre espaço para que o principal ativo relacionado à saúde seja o plano de saúde, uma vez que permite atendimento diferenciado a indivíduos com a mesma necessidade médica.

Cenário preocupante

É importante sublinhar que sem uma saúde de qualidade para toda a população, as políticas de combate à pobreza não surtem os efeitos desejados. Uma prova disso é que os indivíduos mais pobres têm pior acesso ao atendimento, adoecem mais e, paradoxalmente, consomem menos serviços de saúde.

As injustiças sociais contra as crianças inquietam pelas suas implicações em longo prazo. Diante disso, programas voltados a esse público deveriam aparecer no topo das prioridades nacionais, não só pela questão do foco como também pela persistência desses gastos.

Um País que cuida de suas crianças viabiliza seu futuro. Nesse sentido, um aspecto fundamental a ser avaliado é a preservação da saúde delas. Vemos que a situação das crianças é preocupante. Elas representam o grupo que tem a maior insuficiência de renda, são o segmento mais pobre e, por esse, motivo têm pouco acesso a serviços públicos como saneamento básico e coleta de lixo.

Por outro lado, há que se levar em conta que as crianças, pela sua idade, encontram-se numa situação privilegiada no que se refere à saúde, pois a incidência de doenças graves é menor nessa faixa etária. A população infantil está numa situação social muito injusta, porém possui a própria idade como vantagem. A estratégia deveria ser a de preservar as condições de saúde das pessoas em idade tenra, de forma a elevar o bem-estar em todo o ciclo da vida.

Marcelo Côrtes Neri é Chefe do Centro de Políticas Sociais da Fundação Getúlio Vargas e Professor Assistente da Escola de Pós-Graduação em Economia (EPGE). P.h.D. em Economia pela Princeton University.

Daniela Ribeiro da Costa é Técnica em Análises Econômicas do Centro de Políticas Sociais da Fundação Getúlio Vargas e Mestre em Economia pela Universidade Federal Fluminense (UFF).

Héssia Guillermo Costilla é aluna de Economia na Universidade Federal Fluminense e trabalha no Centro de Políticas Sociais na Fundação Getulio Vargas.

Alexandre Pinto de Carvalho é Supervisor Operacional do Centro de Políticas Sociais da Fundação Getúlio Vargas.

Wagner Soares é mestre em Economia pelo Cedeplar/UFMG e professor do Departamento de Economia da Universidade Federal Fluminense.

A VOZ DA REDAÇÃO

Subeditora de Ciência e Tecnologia da ***Época*****, a jornalista Cristiane Segatto trabalha na revista desde sua criação, em 1998. Com 10 anos de profissão, começou a fazer matérias na área de saúde em 1995, quando atuava na Editoria Geral do jornal** *O Estado de S. Paulo*.

A imprensa fala muito sobre desnutrição e pouco sobre a importância da alimentação na infância. Por que ainda predomina esse tipo de cobertura? A missão dos jornais diários e das revistas semanais é publicar notícias. Ou seja: os leitores desses veículos esperam encontrar informações inéditas, inusitadas, surpreendentes, exclusivas. Universidades, governos e a Organização Mundial de Saúde (OMS) produzem conhecimentos inéditos e relevantes sobre desnutrição e os divulgam à imprensa com muito mais freqüência do que fazem com o tema da alimentação na infância. Talvez o assunto da desnutrição seja recorrente na imprensa justamente porque o investimento em pesquisas sobre esse tema seja maior também.

Ao escrever sobre Saúde da Criança, você se preocupa em dar dicas para os leitores? Por que poucos jornais fazem isso? A prioridade dos jornais e das revistas semanais sempre será a busca pela notícia. O ideal é rechear as reportagens com dicas práticas sobre como melhorar a saúde infantil, o chamado serviço ao leitor. Esse tipo de informação pode aparecer no corpo das matérias ou em "boxes" separados do texto principal. Procuro fazer isso sempre que possível. Muitos jornais também revelam esse tipo de preocupação, principalmente nas páginas de saúde publicadas aos domingos.

De quem é a responsabilidade pela qualificação do jornalista em relação aos temas da saúde: da universidade, da empresa ou do próprio profissional? O ideal seria que a universidade oferecesse uma formação abrangente, capaz de preparar jornalistas interessados em cobrir qualquer área de interesse. A verdade é que os cursos de jornalismo são fraquíssimos e, em sua maioria, despejam no mercado um grande número de focas esforçados, mas totalmente despreparados. As empresas de comunicação deveriam investir na qualificação de seus jornalistas, mas essa não é a regra. A maioria dos jornalistas que se interessam por saúde aprende os conceitos básicos e as principais discussões na prática da reportagem, no contato com as fontes e com muita leitura.

Caminhos para Aprimorar a Cobertura

RECOMENDAÇÕES PARA O JORNALISTA

- Saúde é "um estado de completo bem-estar físico, mental e social". A ausência desse conceito, uma definição da OMS, está na raiz de grande parte das distorções observadas no tratamento que 49 jornais brasileiros dão ao tema Saúde da Criança. Focalizando patologias, serviços e medicamentos, a cobertura faz, na verdade, uma abordagem sobre doenças. Portanto, ao produzir reportagens sobre a saúde infantil, é importante destacar as ações de promoção, proteção e prevenção. A população precisa ser esclarecida sobre o conceito de saúde como qualidade de vida e não somente como ausência de doenças.

- O jornalista deve evitar limitar-se ao fato anunciado ou denunciado. O ideal é descrever o contexto em que ocorreu ou está ocorrendo, avaliando e comentando a situação a partir de determinados parâmetros. Se for viável, essa análise deve incluir questões de gênero, raça, etnia, cultura e diferenças regionais, comparações entre os contextos urbano e rural. Os especialistas também recomendam identificar, sempre que for possível, os responsáveis pelas políticas locais para o tema abordado, relacionando índices de saúde locais, nacionais e mundiais. As matérias devem ter um tamanho que permita tal reflexão.

- A publicação de serviços é de grande utilidade para o setor de saúde. E pode ser programada em jornais que possuem seções específicas para fornecer esse tipo de informação. Esse universo inclui cursos de aperfeiçoamento para profissionais de saúde de diferentes categorias, congressos, seminários, palestras, jornadas, cursos voltados para pais, líderes comunitários e outros profissionais envolvidos com o desenvolvimento infantil. Além disso, em reportagens sobre determinados temas é possível fornecer informações sobre tipos de atendimento, horários, condições do serviço. É preciso divulgar com maior intensidade as iniciativas que prestam atendimento a crianças com deficiências.

SUGESTÕES DE PAUTA

- Ao apurar uma matéria sobre saúde infantil, é preciso investigar as condições de vida das crianças. Fatores como desenvolvimento local, renda familiar, saneamento e outras questões relativas ao meio ambiente, educação materna, escolarização das crianças e composição da família estão ligados à saúde e à qualidade de vida. Muitas doenças que atingem as crianças são causadas pela ausência de condições adequadas de moradia, tais como goteiras, infiltrações, falta de saneamento básico e higiene. Outro aspecto a ser observado é a escola, um dos locais onde a criança passa maior parte de seu tempo. Qual é a qualidade da água consumida? Como é o ambiente escolar? Possui ventilação e iluminação apropriadas? Oferece riscos de acidentes para seus alunos?

- As relações entre poluição e saúde merecem ser exploradas com profundidade. A poluição prejudica o desenvolvimento infantil de duas formas: contaminando os recursos naturais ou contaminando as próprias crianças. Crianças com idade abaixo de cinco anos sofrem até 40% mais o impacto global de doenças provocadas por fatores ambientais, tais como asma, lesões, distúrbios de desenvolvimento e males transmitidos por água e alimentos.

- Outro assunto que merece ser abordado é a questão do lixo. Além de toda a poluição causada pelos lixões existentes em várias cidades brasileiras e das conseqüências para a saúde das crianças, é preciso chamar a atenção para o trabalho infantil. Muitas crianças nascem nesses locais e ali crescem, sem qualquer qualidade de vida e sem conhecer nenhuma outra realidade. Nessa pauta, vale a pena investigar quais soluções estão sendo dadas pelo governo e pela sociedade civil para melhorar as condições ambientais, com destaque para a implantação de serviços apropriados de coleta e destinação do lixo.

- De acordo com o Ministério da Saúde, é responsabilidade de todos, incluindo governo e sociedade, propiciar condições para que, desde o nascimento, toda criança receba os cuidados necessários para o seu bem-estar. Isso engloba a divulgação de informações relacionadas a quesitos como higiene, sono e coto umbilical, essenciais para garantir essa atenção. O jornalista pode produzir reportagens bastante esclarecedoras, com um viés de serviço, sobre tais assuntos.

- Existem algumas doenças com maior prevalência na infância. São elas: diarréias, pneumonias, dermatoses, alergias, resfriados, amidalites e otites. Ao falar sobre esses males, é bom não esquecer que a incidência pode variar conforme a região. Também é essencial abordar aspectos de prevenção e explorar o forte caráter de serviço que esse tipo de pauta possui.

- É fundamental fazer reportagens sobre a saúde bucal das crianças e não centrar atenção nesse tema apenas quando há realização de campanhas nacionais de prevenção. Com pitadas de criatividade, essas pautas podem fazer parte do dia-a-dia da imprensa. Alguns assuntos são obrigatórios: informações sobre a necessidade de uma higiene adequada da boca e dos dentes, investigação sobre os níveis de flúor na água de consumo público, como em escolas, creches e outros estabelecimentos (hoje os especialistas já se preocupam com a incidência de fluorese, doença causada pela ingestão excessiva de flúor e que pode causar manchas nos dentes das crianças), orientação sobre a relevância de uma alimentação equilibrada, reduzindo a quantidade de alimentos açucarados no cardápio infantil, dentre outros tópicos.

As doenças perinatais, responsáveis por 50% das mortes de bebês menores de um ano de idade, só foram tema de 0,7% das matérias sobre Saúde da Criança veiculadas para 49 grandes diários brasileiros em 2001.

A mortalidade materna não foi o tema central de nenhuma matéria da amostra analisada pelo grupo de consultores reunido pela ANDI, tendo sido mencionada em apenas 3% dos textos pesquisados. A abordagem sobre humanização dos partos, outro assunto também relevante, quase não apareceu nas reportagens sobre Saúde da Criança.

- O pré-natal pode garantir uma gestação segura e evitar diversos prejuízos para a saúde da mãe e da criança. As consultas médicas que compõem esse acompanhamento incluem noções sobre cuidados durante a gravidez, perigo do consumo de drogas lícitas e ilícitas, riscos de pressão alta, diabetes, Aids e outros males. É importante investigar como está sendo feito esse atendimento nos hospitais e postos de saúde do País e como se dá a atenção também no pós-parto. Nos últimos anos, cresceu consideravelmente o número de consultas durante o pré-natal no SUS. No entanto, ainda há uma grande quantidade de mulheres que não faz esse controle na gravidez, sobretudo na zona rural. Vale também prestar atenção no processo de qualificação dos agentes comunitários de saúde.

- O tipo de mortalidade infantil mais freqüente ainda é o relativo ao período perinatal. Os problemas que causam essas mortes, como baixo peso, prematuridade e defeitos congênitos são alguns dos itens que merecem ser abordados pela mídia. E seu combate depende do aumento do atendimento no pré-natal, da humanização do parto, da redução das taxas de cesarianas e dos programas de atenção a gestantes de alto risco.

- Para estar atento a possíveis pautas sobre os serviços disponíveis para mulheres antes e durante o nascimento do bebê, o jornalista precisa dominar conceitos como a importância do parto normal, o processo de humanização do atendimento, os riscos da operação cesariana e o valor da presença do acompanhamento no momento em que a mãe dá à luz, por exemplo. Em 1998, o Ministério da Saúde baixou uma portaria de âmbito nacional determinando um pagamento de, no máximo, 40% de cesáreas sobre o total de partos para aquele ano, 37% no segundo trimestre de 1999, 35% no segundo semestre de 1999 e 30% no primeiro semestre de 2000. Essa norma está realmente sendo cumprida no Sistema Único de Saúde? E será que conseguiu reduzir o número de mortes maternas e complicações no recém-nascido?

- Ao escrever sobre Saúde da Criança, é também importante falar de planejamento familiar. Segundo o Ministério da Saúde, planejamento familiar é o direito que toda pessoa tem à informação, à assistência especializada e ao acesso aos recursos que permitam optar livre e conscientemente por ter ou não ter filhos. As estatísticas oficiais mostram que a taxa de fecundidade total no Brasil vem caindo nos últimos anos e situa-se em torno de 2,5 filhos por mulher. Essa redução está ocorrendo em todas as faixas etárias, menos entre as adolescentes – outro dado que merece atenção.

- A alimentação das crianças. Atualmente no Brasil, convivemos com duas situações: a da desnutrição que, apesar de ter diminuído bastante nos últimos anos ainda atinge milhões de crianças, e a da obesidade, problema que vem afetando um número cada vez maior de meninos e meninas de todas as classes sociais. O que é uma alimentação saudável na infância? Os maus hábitos alimentares são freqüentes em todas as regiões do País? Como nossas crianças estão se alimentando? Qual é o papel da família nessa história? Vale a pena investigar também alternativas baratas e saudáveis de alimentação. Já existem experiências bem-sucedidas nessa área, com a da Pastoral da Criança, que utiliza a multimistura para combater a desnutrição. Que outras iniciativas estão sendo colocadas em prática no País? É sempre bom ficar atento à produção científica nesse setor. Além das universidades, instituições como a Embrapa são ótimas fontes nessa área.

- Ainda na área da alimentação, vale a pena investigar a qualidade dos chamados alimentos orgânicos, ou seja, aqueles sem agrotóxicos ou aditivos químicos. Eles vêm sendo uma opção de muitas famílias, apesar do alto custo. São mesmo mais saudáveis? Também é importante prestar atenção no alerta das organizações ambientalistas sobre a questão dos alimentos transgênicos. Outra frente de investigação pode ser a qualidade dos produtos enriquecidos com vitaminas e sais minerais. A indústria alimentícia tem investido bastante nessa linha. Esses alimentos são mesmo mais nutritivos? Podem ajudar a tornar o cardápio da criançada mais saudável? Que garantias o consumidor tem de que essas comidas contêm realmente o que dizem os rótulos? Além de conversar com especialistas e a própria indústria, é importante falar com as entidades de defesa do consumidor e com a Sociedade Brasileira de Pediatria, que investiu na criação de um selo de qualidade para alimentos infantis.

②

Gestão e Políticas Públicas

Não cabe apenas ao Estado garantir a implementação de iniciativas para a infância. A sociedade civil e o setor privado também devem atuar nesse processo

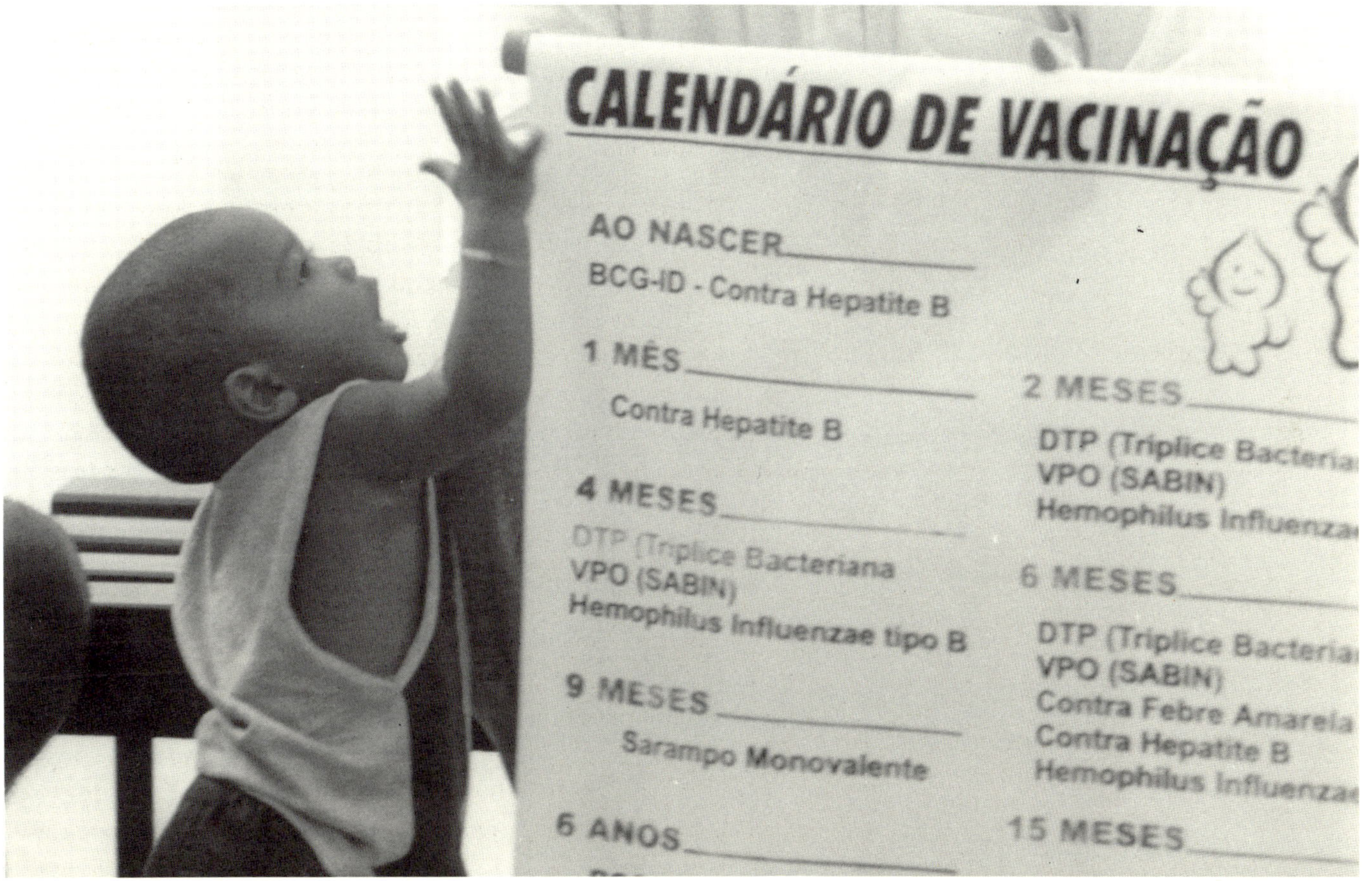

Os avanços obtidos na década de 90 na prestação de vários serviços têm impacto sobre as condições de Saúde da Criança, mas persistem as diversas desigualdades sociais e regionais que impedem a universalização do acesso a serviços materno-infantis de qualidade. Por esse motivo, é fundamental que a imprensa seja uma eterna vigilante das ações executadas por governo, sociedade civil e setor privado.

A mídia deve ser um veículo importante para aumentar o grau de conscientização da população sobre a importância e as possibilidades concretas de promover a melhoria da saúde. Também poderia ter, por iniciativa própria, um papel mais efetivo se constantemente estivesse pautando as causas e as medidas de prevenção das doenças e das mortes infantis, buscando os indicadores locais de saúde, a situação das crianças e das famílias que moram em áreas de risco, desprovidas de saneamento básico e moradia adequadas. É importante ainda que seja freqüentemente avaliado se a quantidade e a qualidade dos serviços de saúde ofertados são adequadas.

A população precisa saber se as propostas e as ações de cada órgão gestor da saúde estão realmente respeitando o princípio da prioridade programática e orçamentária da criança. Poucas vezes os gestores municipais e estaduais são cobrados sobre a execução do orçamento na área de Saúde da Criança. Essa é uma informação pública sobre a qual o administrador é obrigado a prestar contas.

As políticas públicas são dirigidas a todas as crianças brasileiras. É o que diz o princípio da prioridade absoluta, estabelecido no artigo 227 da Constituição de 1988 e regulamentado por um conjunto de regras presentes no Estatuto da Criança e do Adolescente (ECA) – uma ampla legislação de defesa, proteção e desenvolvimento da população infanto-juvenil. As iniciativas básicas voltadas para a infância devem assegurar a saúde, mas também a educação, a segurança, o transporte, a habitação, a cultura, o esporte e o lazer.

O artigo 227 também deixa claro que a responsabilidade sobre a criança é da família, da sociedade e do Estado. A Constituição estabelece ainda que esses direitos devem ser atendidos segundo o princípio da participação da sociedade civil, por meio de suas organizações representativas, que têm o direito de colaborar no processo de formulação da política de atendimento à criança e do controle das ações.

Esse processo de descentralização político-administrativa do sistema federativo brasileiro traduz novas formas de relação e articulação entre o Estado e a sociedade civil, num contexto que, sempre que efetivamente executado, representa avanços democráticos. A descentralização e a municipalização estão intimamente relacionadas com o conceito de participação social, já que municipalizar deve ser uma forma de socializar a gestão pública.

As ações de governo foram o foco central de 47% das matérias analisadas pelos consultores reunidos pela ANDI. Reportagens temáticas, ou seja, aquelas que exploram um assunto específico, ocupam também um alto índice, com 30,7%. A sociedade civil responde por apenas 11,4% dos textos, enquanto o setor privado por menos 2,1%.

O tom das matérias sobre as iniciativas governamentais na área da saúde infantil é pouco crítico, aponta a pesquisa *Mídia e Saúde da Criança*. Dos textos que tinham políticas de governo como foco central, 66,6% descrevem, divulgam ou analisam uma determinada ação. Em 10,7% dos textos, o governo é mencionado ou consultado. E é alvo de cobranças ou responsabilizado por determinada situação de saúde em apenas 9,4% das reportagens com enfoque principal em políticas públicas.

Compete à instância municipal, prioritariamente, atender à criança, com apoio técnico e financeiro da União e do estado e com a participação das organizações da sociedade civil. O município é o local privilegiado para o exercício da cidadania e é a instância mais adequada para a promoção da atenção integral às crianças e suas famílias, que precisam ser atendidas em suas necessidades básicas de sobrevivência, desenvolvimento e proteção.

Participação social

Nos últimos anos, a sociedade civil vem assumindo um papel cada vez mais importante na formulação, na execução e no controle das políticas públicas. A gestão do sistema de saúde brasileiro prevê, por exemplo, a organização e o envolvimento da sociedade civil nos conselhos estaduais e municipais de saúde *(veja na página 56 o texto "E as instâncias democráticas?")*. Isso aumenta a representatividade, a influência e a pressão fiscalizadora das organizações não-governamentais, que se tornam importantes agentes para o desenvolvimento das ações nessa área. Embora haja adesão às novas formas de gestão pública, perdura ainda, com muita força, a fragilidade nesse sistema. Um dos motivos que merecem maior atenção dos meios de comunicação é a falta de experiência democrática e/ou participativa no País. Na maioria dos municípios não há a tradição de debates sobre as políticas públicas locais.

O envolvimento da sociedade civil requer do Poder Público alguns atributos, como os de que seja democrático, honesto e eficaz. Em tese, participação não deveria ser mera reivindicação ou pressão, e sim capacidade de negociação e proposição.

Mas é importante salientar que o papel da sociedade civil não deve ser entendido como o de substituto do Estado. Suas ações, tampouco, podem justificar a omissão estatal, pois essas organizações não têm todas as ferramentas necessárias para resolver os problemas existentes. Muitas vezes, ainda falta a essas entidades uma melhor articulação com o Poder Público para exercerem a prerrogativa que a Constituição Federal lhes oferece: de participação na formulação das políticas públicas e no controle social.

PASTORAL DA CRIANÇA: VISIBILIDADE NA MÍDIA

Em quase todo o País existem iniciativas da sociedade civil, algumas delas atuando isoladamente sobre problemas específicos, outras de forma mais abrangente, em articulação com um maior número de instituições. A entidade ligada à saúde materno-infantil que obteve maior espaço na mídia foi a Pastoral da Criança. Suas iniciativas possuem alto grau de capilaridade em comunidades do Brasil inteiro. A Pastoral conta com um exército de cerca de 153 mil voluntários, que atuam nos 27 estados e em 3.555 municípios, e acompanham mensalmente 1.635.461 crianças menores de seis anos, segundo dados de 2002. Por causa de sua estrutura organizacional, a instituição tem boa penetração na imprensa e conta com o apoio financeiro governamental e de organismos internacionais.

A atuação das organizações não-governamentais nacionais e também das internacionais é reconhecida pela habilidade de trabalhar em íntima colaboração com as comunidades e de contribuir para a política de igualdade e solidariedade com relação à saúde e aos demais direitos da criança. As organizações da sociedade civil costumam ser mencionadas e cobradas quando o tema abordado é a desnutrição e as mortalidades infantil (até um ano) e na infância (até a idade de cinco anos). Como atua com comunidades de baixa renda de forma muito efetiva, a Pastoral da Criança é freqüentemente consultada quando esses assuntos estão em destaque.

Quando se analisa o foco central das reportagens, fica claro, por exemplo, que a sociedade civil tem um envolvimento significativo na promoção do aleitamento materno *(veja na página 54 mais informações sobre aleitamento)*. Tem sido crescente a importância da atuação dessas organizações, seja na busca de soluções de problemas, seja como mobilizadoras de outras instâncias ou como efeito demonstrativo de execução de políticas públicas.

Muitas ONGs vêm atuando de forma exitosa, mas nem sempre têm suas ações divulgadas. É importante que a mídia abra espaço para que estes serviços prestados à comunidade sejam de conhecimento público. Outro fator relevante é a necessidade de cobrir as iniciativas do Terceiro Setor com independência e visão crítica, o que nem sempre acontece.

Medidas, avaliações e pesquisas de governo – divulgadas, obviamente, pelos próprios governos – respondem por 28,5% das pautas avaliadas pela análise *Mídia e Saúde da Criança*. Eventos e estudos variados geraram 15,3% das matérias. Apenas 6,1% das reportagens surgiram por iniciativa da própria imprensa. Os índices caem drasticamente quando se observa o peso, sobre a pauta jornalística, das demandas geradas por grupos sociais, por profissionais da saúde ou pelo Terceiro Setor: 2,6%, 1,9% e 1,9%, respectivamente.

O comportamento da mídia em relação à sociedade civil é mais condescendente em comparação com os setores privado e público, apontam os dados do estudo *Mídia e Saúde da Criança*. Dos 11,4% de matérias onde a Sociedade Civil aparece, 84,1% se referem à divulgação e à análise de suas ações.

Carências no atendimento foram o assunto central de apenas 3,3% de todas as matérias analisadas pelos consultores convidados pela ANDI. Melhoria do atendimento, reforma de unidades de saúde e inauguração de hospitais foram tema, por sua vez, de 3,1% dos textos da amostra. Chama atenção o ínfimo espaço destinado ao orçamento para a Saúde da Criança, que foi foco principal de apenas 0,7%, e à gestão pública, tratada em 0,9% das reportagens.

A análise coordenada pela ANDI sobre a cobertura que 49 grandes jornais brasileiros oferecem às temáticas associadas à Saúde da Criança traz uma constatação muito positiva: a clareza sobre o processo de descentralização dos serviços de saúde. Obedecendo a lógica do Sistema Único de Saúde, criado com a Constituição Federal de 1988 *(veja, na página 141, o anexo "O que é o SUS")*, 29,1% dos textos sobre governo se referem aos municípios, 22,7%, aos estados, e 15,6%, à União.

COMO SE DEU A INCLUSÃO NA PAUTA, SEGUNDO A PESQUISA ***MÍDIA E SAÚDE DA CRIANÇA***

Lançamento de projeto, medida oficial	21,5%
Repercussão de pesquisa	7,8%
Repercussão de eventos	7,5%
Avaliações, censos, pesquisas	7,0%
Iniciativa da própria imprensa	6,1%
Demandas de grupos sociais	2,6%
Demandas do Terceiro Setor	1,9%
Demandas dos segmentos diretamente ligados ao setor da saúde	1,9%
Demanda de organismo internacional	0,5%
Releases de empresas privadas	0,5%
Resposta do Poder Público	0,1%
Resposta a atividades da própria imprensa	0,1%
Não foi possível identificar*	42,5%

**Pela leitura das matérias, não foi possível saber quem ou que fato originou a pauta.*

TEMAS QUE A IMPRENSA RELACIONA AO GOVERNO

A pesquisa sobre a cobertura de Saúde da Criança, realizada pela ANDI e seus parceiros, rastreou alguns assuntos que são mais lembrados pela mídia ao abordar a questão das políticas públicas.

Programas

Os programas *Saúde da Família* (PSF) e *Agentes Comunitários de Saúde* foram foco principal de um número significativo de matérias relacionadas ao Poder Público, registra a pesquisa. Essas iniciativas baseiam-se em ações preventivas de baixo custo no atendimento básico de saúde, realizando o monitoramento dos indicadores de cada área e apoiando a vigilância epidemiológica.

Segundo dados do Ministério da Saúde, o Brasil já conta com mais de 150 mil agentes comunitários atuando em 4.662 municípios e cerca de 11 mil equipes do PSF. A filosofia dessas duas iniciativas é resgatar o vínculo de co-responsabilidade entre o serviço de saúde e a população, buscando não apenas a promoção da cura e a prevenção das doenças, mas também a valorização do papel das pessoas no cuidado com sua própria saúde, com a da família e a da comunidade como um todo.

Esses e outros projetos, como a bolsa-alimentação, estão regulamentados por uma legislação que os insere no conjunto das políticas de saúde, sejam elas federais, municipais ou estaduais. É importante analisá-los dentro desse conjunto, o que permite estabelecer referenciais para determinar se realmente atendem às necessidades da população.

A PERSPECTIVA DA COBERTURA, SEGUNDO A PESQUISA
MÍDIA E SAÚDE DA CRIANÇA

Política Pública	47%
Temático*	30,7%
Sociedade Civil	11,4%
Individualizado **	8,8%
Setor Privado	2,1%

**A matéria concentra sua atenção em um tema específico.*
***A matéria concentra sua atenção na história de uma pessoa.*

FOCO DAS REPORTAGENS SOBRE POLÍTICAS DE GOVERNO

Municípios	29,1%
Estados/Distrito Federal	22,7%
União	15,6%
Estados/Municípios	5,4%
União/Estados	4,7%
União/Municípios	4,5%
Não se aplica ou não foi explicitado	18,0%

O PODER PÚBLICO, SEGUNDO A PESQUISA *MÍDIA E SAÚDE DA CRIANÇA**

Tem ação analisada, descrita ou divulgada	66,6%
É elogiado	6,0%
É mencionado	6,0%
É responsabilizado	5,8%
É consultado	4,7%
É cobrado	3,6%
É desculpabilizado/ desresponsabilizado	0,6%
Não foi possível identificar	6,6%

* *Números relativos aos 447 textos onde o Poder Público foi foco central (47% do total analisado)*

AS ORGANIZAÇÕES DA SOCIEDADE CIVIL E DO TERCEIRO SETOR E A CLASSE MÉDICA*

Têm ação descrita, analisada ou divulgada	84,1%
São elogiadas	6,2%
São consultadas	5,3%
São mencionadas	2,7%
São responsabilizadas	0,9%
São cobradas	0,9%

* *Números relativos aos 113 textos onde esses atores foram foco central (11,4% do total analisado)*

Mães

As questões relacionadas com a infância ainda encontram desafios a superar até na esfera conceitual. Prevalecem estigmas, por exemplo, como o de que criança rica é da família e a criança pobre pertence às instituições governamentais e não-governamentais de assistência. Esse estigma, de acordo com a visão dos consultores reunidos pela ANDI para a realização da análise sobre a cobertura da imprensa brasileira a respeito do tema da saúde infantil, aparece nas reportagens avaliadas. Fala-se pouco em saúde da gestante e da criança como garantia real a ser buscada. A saúde da mulher destaca-se como um dos grandes desafios políticos do Brasil para a garantia do direito constitucional de proteção integral à infância, mas ainda ocupa pouco espaço na cobertura na mídia impressa *(veja mais sobre saúde materna na página 22)*.

Mortalidade

Na década de 1990 houve uma acentuada redução na mortalidade infantil, graças ao compromisso estabelecido nas agendas estaduais e municipais e também aos esforços da sociedade civil, que se mobilizou em torno dessa questão. Os dados preliminares do Censo de 2000, do Instituto Brasileiro de Geografia e Estatística (IBGE), revelam que a taxa caiu de 48 óbitos por mil nascidos vivos, em 1991, para 29,6 mortes por mil em 2000. Isso mostra uma redução de 38% no índice, indicando que 404.120 crianças menores de um ano deixaram de morrer no período. No entanto, o País ainda está longe de atingir a meta considerada ideal pela Organização Mundial de Saúde, que é inferior a 20 mortes para cada grupo de mil crianças nascidas vivas.

TAXAS DE MORTALIDADE INFANTIL NAS REGIÕES DO BRASIL

Ano	Brasil	Norte	Nordeste	Sudeste	Sul	Centro-Oeste
1990	48,0	45,1	72,9	30,2	28,7	31,3
1991	45,3	42,8	69,0	28,8	27,4	29,8
1992	42,8	40,8	65,3	27,6	26,3	28,5
1993	40,5	38,8	61,8	26,4	25,2	27,2
1994	38,4	37,0	58,6	25,3	24,2	26,1
1995	36,5	35,4	55,6	24,4	23,3	25,1
1996	34,8	33,9	52,8	23,5	22,5	24,1
1997	33,3	32,5	50,3	22,7	21,7	23,3
1998	31,9	31,3	48,1	21,9	21,0	22,5
1999	30,7	30,2	46,0	21,2	20,3	21,8
2000	29,6	29,2	44,2	20,6	19,7	21,2

O Nordeste é historicamente a região com as piores taxas de mortalidade infantil do País. Apesar dos avanços conseguidos ao longo da última década, os indicadores nordestinos continuam sendo muito superiores aos das regiões Sul, Sudeste e Centro-Oeste – mais do que o dobro. Os índices da tabela acima correspondem ao número de mortes para cada 1.000 crianças nascidas vivas. Fonte: Censo 2000 – IBGE.

Por tratar-se de um indicador que demonstra o grau de desenvolvimento sócio-econômico de uma Nação e de expectativa de vida da população, a questão da mortalidade infantil e na infância tem sido altamente focalizada. O governo foi elogiado em 60% das matérias sobre o tema e responsabilizado em 30%, segundo dados da pesquisa *Mídia e Saúde da Criança*.

As políticas de saúde para a infância são um campo no qual é possível ampliar consideravelmente a cobertura jornalística. Foram temas de somente 0,5% das matérias analisadas pela pesquisa coordenada pela ANDI sobre o noticiário de Saúde da Criança.

As campanhas de vacinação e os assuntos ligados ao tema, uma das áreas na qual o governo conseguiu maiores avanços na década de 90, foram os focos centrais de 10,9% das matérias sobre políticas públicas, aponta a pesquisa *Mídia e Saúde da Criança*.

Aleitamento

A mídia tem sido um veículo de peso para a promoção do aleitamento materno. Mas é importante que a cobertura do tema não fique limitada ao período da Semana Mundial da Amamentação, comemorada todo ano em agosto.

O Brasil tem avançado bastante nesse campo. Segundo o Ministério da Saúde, a duração média da amamentação subiu de 2,4 para 5,5 meses entre 1975 e 1989. De acordo com a *Pesquisa Nacional de Demografia e Saúde* (PNDS), em 1996, esse número estava em torno de sete meses. Outro levantamento do governo federal, realizado em 1999 nas capitais brasileiras, mostrou um considerável aumento no período médio de aleitamento materno não exclusivo, que alcançou a marca dos 9,9 meses.

Um quarto das matérias sobre esse tema apresenta a educação como uma solução complementar, registra a pesquisa da ANDI. A relação é correta e não apenas para o aleitamento materno, mas para todos os aspectos associados com a saúde da criança. Conforme resultados de estudo conduzido em 1996 pelo governo federal, os filhos de mães sem escolaridade ou com até três anos de estudo têm 11 vezes mais chances de sofrerem desnutrição do que as crianças geradas por mulheres que contam com 12 ou mais anos de estudo.

Pesquisa do IBGE e do Banco Mundial (Bird) mostra que, no Brasil, a expectativa de vida dos filhos de mulheres com oito ou mais anos de estudo chega a ser 14 anos mais alta na comparação com as de crianças com mães sem instrução ou com menos de um ano de escolaridade.

A VOZ DA REDAÇÃO

Formada em jornalismo pela Universidade Federal de Pernambuco, Verônica Almeida é repórter especial da Editoria de Cidades do *Jornal do Commercio*. **Já trabalhou também na sucursal do** *Jornal do Brasil*, **em Recife. Na busca por mais informações sobre políticas de saúde, causas e controle de doenças, Verônica fez pós-graduação em Saúde Pública na Fundação Oswaldo Cruz .**

É baixo o percentual de matérias sobre Saúde da Criança que apontam causas para os problemas descritos. Por que a imprensa ainda faz reportagens meramente factuais? Por despreparo do repórter ou do seu chefe, por falta de interesse dos dois e da empresa em aprofundar o assunto e, em alguns casos, por carência de espaço para publicação. Em todas as três situações, há não só omissão, mas atestado de incompetência. Descrever uma situação e explicar o porquê de tal fato é essencial na prática do jornalismo.

Infelizmente, muitos colegas limitam esse porquê a uma causa imediata. Noticiam, por exemplo, que as infecções respiratórias em crianças são mais comuns no inverno e deixam escapar uma ótima oportunidade para mostrar que elas matam crianças pobres, conseqüência da desnutrição e das más condições de vida. As infecções respiratórias estão ocupando o lugar das diarréias nas estatísticas, que diminuíram depois da campanha do soro caseiro. Quando a justificativa é falta de espaço, lembro que o poder de síntese pode resolver o problema.

Também são poucas as matérias que apresentam um caráter de busca de soluções. A imprensa é viciada em denúncias? De fato é mais fácil apontar erros que mostrar como resolver o problema. Vejo, na redação, repórter preocupado em furar o concorrente, mas nem sempre atento ao interesse do leitor, aos resultados da divulgação da notícia e ao seu papel social. Talvez isso explique o maior número de matérias com tom de denúncia. Acredito, entretanto, que aos poucos a imprensa aprenderá que a informação positiva (na forma de solução sugerida ou implantada) atrai o leitor e constrói uma sociedade melhor.

Em geral, as reportagens não fazem comparações entre dados nacionais e locais. Por quê? Nem sempre é fácil conseguirmos os dados locais. No entanto, a comparação entre regiões também deixa de ser feita porque as diferenças regionais não são valorizadas pelo repórter ou pelo editor.

SETOR PRIVADO: QUALIDADE DO SERVIÇO ESTÁ FORA DO NOTICIÁRIO

Atualmente observa-se que governos, ONGs e empresas já compreendem melhor a importância das parcerias no combate às doenças e na promoção da saúde. Mas a mídia precisa reforçar que a qualidade global do atendimento está relacionada à erradicação das doenças, da pobreza e das altas taxas de mortalidade infantil. Um país sem população saudável não consegue se desenvolver economicamente.

Apesar de já existir essa noção de que é importante haver uma atuação conjunta dos vários segmentos da sociedade, o setor privado tem tido baixa representatividade nas reportagens sobre Saúde da Criança. Isso porque ainda há na área de comunicação a visão de que a saúde é unicamente responsabilidade do Poder Público. Nesse sentido, a saúde privada é encarada como pauta exclusiva de matérias sobre direitos do consumidor. A própria Constituição diz que as clínicas e os hospitais particulares podem participar do atendimento à população, desde que sob a coordenação dos governos e seguindo as diretrizes do Sistema Único de Saúde. A preferência para o credenciamento no SUS deve ser, no entanto, para os centros filantrópicos e sem fins lucrativos. Em qualquer dos casos, os usuários não devem pagar nada pelo serviço.

Cuidado equivocado

O reduzido número de textos relacionando Saúde da Criança e o setor privado pode derivar do receio do jornalista de fazer propaganda desses serviços em sua matéria. Ocorre que a mesma lógica pode ser empregada para o governo e o Terceiro Setor: não é função do jornalismo fazer publicidade para nenhuma área, mas cobri-la, investigá-la, retratá-la, permitindo ao leitor ter acesso a informações para acompanhar a condução da política de saúde em sua cidade, estado e País. Essa barreira gerada pela cautela em não promover determinada marca ou estabelecimento por meio das reportagens acaba fazendo com que os jornais não revelem como é a cobertura médica privada no Brasil nem investiguem a qualidade dessa assistência, que atinge um grupo populacional cada vez maior.

E AS INSTÂNCIAS DEMOCRÁTICAS?

Os conselhos estaduais e municipais de saúde têm um papel importantíssimo no controle social das iniciativas governamentais. O Conselho Municipal, por exemplo, é o órgão consultivo, deliberativo, normativo e fiscalizador do Sistema Único de Saúde, sendo também responsável por formular, executar e controlar todas as ações de saúde na cidade. O seu papel é fundamental para a determinação das prioridades e para a fiscalização do uso dos recursos *(veja mais sobre as atribuições dos conselhos no anexo "O que é o SUS", na página141)*.

O Conselho Municipal pode exigir que as secretarias de saúde tenham mecanismos para apurar cada morte de criança na localidade e cobrar a adoção de medidas para que isso não aconteça mais. Os representantes da sociedade civil que o integram devem estar aptos a apresentar e discutir propostas direcionadas à infância, inclusive aquelas complementares às apresentadas pelo governo.

É importante que essa instância seja um órgão de diálogo com a comunidade, que a mantenha informada sobre a situação da saúde materno-infantil e recolha sugestões e reclamações da população para a melhoria do atendimento prestado.

Os direitos e as políticas infanto-juvenis também são regulados por meio dos Conselhos de Direitos das Crianças e dos Adolescentes que igualmente são compostos paritariamente pelo Poder Público e pela sociedade civil. Para fiscalizar a situação em cada município, o Estatuto da Criança e do Adolescente criou a figura do Conselho Tutelar – responsável, por exemplo, por receber as denúncias de maus-tratos contra crianças, investigar e encaminhar as vítimas para tratamento *(veja mais sobre violência no artigo "Violência e Saúde", na página 64)*.

A invisibilidade do Legislativo e do Judiciário

De modo geral, as ações do Poder Executivo, em suas três esferas, são aquelas que mais geram notícia na área social. E nada mais natural que a mídia faça a cobertura dessas iniciativas, até para cobrar responsabilidades do governo, acompanhar os avanços ou os atrasos das políticas públicas, fiscalizar a aplicação de verbas, entre outros aspectos.

O setor privado aparece como foco principal em apenas 2,1% dos textos sobre Saúde da Criança analisados na pesquisa coordenada pela ANDI. E essa escassa cobertura não focaliza a qualidade do serviço prestado. Os temas mais abordados foram custos e reajustes em planos de saúde e honorários médicos. Em seguida vieram, eqüitativamente, avanços no setor, debates, recursos, programas, recusa de atendimento, repasse do SUS e responsabilidade social da empresa.

COMO É VISTO O SETOR PRIVADO, SEGUNDO A PESQUISA *MÍDIA E SAÚDE DA CRIANÇA**

Tem ação descrita, analisada ou divulgada	58,8%
É responsabilizado	17,6%
É elogiado	11,8%
É consultado	11,8%

**Números relativos ao conjunto de 21 textos no qual o setor privado foi foco central (2,1% do total analisado)*

A VOZ DA REDAÇÃO

Editor-assistente do Caderno de Atualidades de *O Liberal*, do Pará, Lázaro Moraes trabalha no jornal desde 1989, quando começou como repórter. Ele cursou Filosofia na Universidade Federal do Pará.

A pesquisa coordenada pela ANDI detectou que as ações do Executivo são as que mais pautam os veículos de comunicação. Isso também ocorre no jornal que você trabalha? Eu diria que na área de Política as ações do Executivo têm mais ressonância do que, por exemplo, na editoria de Cidade, em que o dia-a-dia é refletido com uma preocupação mais voltada para o social, independentemente do Poder Público. Acho que o factual, por excelência, ainda é a fonte natural da maioria das reportagens. Nos finais de semana temos pautas mais trabalhadas. Estas, sim, podem ser estimuladas por ações – ou pela omissão – do Poder Público.

Considero um problema importante o número escasso de matérias abordando questões de orçamento e gestão pública. A gente praticamente só ouve falar de orçamento quando a estimativa de receitas e despesas do Executivo é enviada ao Legislativo, seja nas câmaras, nas assembléias ou no Congresso Nacional. Ou quando há desvios de recursos, como no caso dos "Anões do Orçamento". Não há uma preocupação específica com rubricas nem por parte dos órgãos encarregados de fiscalizar a aplicação dos recursos – daí ser mais comum a cobertura de desvios de verba do que de ações preventivas ou cobranças para que orçamentos sejam cumpridos. Eu acho que é um problema cultural. Afinal, poucos são até mesmo os jornalistas que se debruçam sobre os diários oficiais.

Em apenas 13,6% das matérias, a população é vista como detentora de direitos. Chama a atenção o número de reportagens que a coloca como culpada (também 13,6%). Em 63,6%, ela é tratada como carente. Essas visões não são preconceituosas? Acho que é importante fazer uma segmentação desses dados, visto que os assuntos tratados em diversas matérias são abrangentes. O fato de retratar a carência que salta aos olhos e reclamar pelos seus direitos não pode ser visto como estereótipo. O que talvez falte seja um número maior de textos abordando os direitos do cidadão. Nós temos uma página, intitulada "Cidadania", publicada todas as segundas-feiras, em que esses temas são explorados. O que vocês devem ter notado, entretanto, nesta pesquisa, é que o próprio texto não dá um tratamento de cidadania às questões abordadas. Nesse caso, é preciso conscientização e preparação maior dos profissionais que fazem determinadas coberturas. Por exemplo, quem cobre uma invasão de terras deveria, no mínimo, conhecer o Estatuto da Terra; um caso de propaganda política ilegal, a Lei Eleitoral, e assim por diante... Só assim se poderá primar pela qualidade da informação.

No entanto, o que muitas pesquisas coordenadas pela ANDI sobre vários temas relacionados com a infância e a adolescência têm detectado é que a mídia questiona pouco as ações governamentais e ignora algumas fontes essenciais capazes de ajudar na construção de reportagens mais críticas, tais como o Legislativo, o Judiciário e o Ministério Público (MP).

Das poucas matérias que abordam a área privada, 58,8% têm uma ação sendo divulgada, registra a pesquisa sobre Saúde da Criança. O tema parto humanizado, por exemplo, foi tratado apenas em reportagens ligadas aos hospitais particulares.

Papéis fundamentais

É bom lembrar que se um caso específico coloca em risco a população, a forma de fazer a reparação das arbitrariedades e das injustiças praticadas pelo gestor de saúde se dá por meio do Poder Judiciário. O papel do MP é igualmente relevante. Com a descentralização do sistema de saúde brasileiro, tornou-se mais importante a fiscalização da aplicação das verbas, da implementação das ações e do acompanhamento dos resultados em cada cidade *(veja o anexo "O que é o SUS", na página 141)*.

Os Conselhos Municipais de Saúde só foram fonte principal em 0,1% dos textos analisados na pesquisa coordenada pela ANDI. Já os Conselhos Tutelares respondem por 0,6% de todas as matérias incluídas neste estudo. Os índices mostram claramente que há um amplo espaço de diálogo a ser preenchido, tanto pelos conselheiros quanto pelos repórteres.

Nas capitais, existem as Promotorias de Justiça da Saúde. Elas são órgãos do MP que defendem no âmbito legal o acesso à saúde, observando os princípios definidos na Constituição de 1988, como a gratuidade, a integralidade e a universalidade do acesso. A população pode recorrer às Promotorias se algum de seus direitos for desrespeitado no Sistema Único de Saúde.

Ouvir o Legislativo é, no mínimo, uma forma de estabelecer um confronto democrático com as posições do Executivo. Há tanto no Congresso Nacional quanto nas assembléias e câmaras de vereadores, comissões especializadas em saúde e parlamentares que concentram sua atuação nessa área. São, sem dúvida, fontes importantes para uma boa matéria sobre saúde infantil.

Na pesquisa *Mídia e Saúde da Criança* o Judiciário não é citado em 98,5% dos 993 textos analisados pelos consultores. O índice é quase idêntico para o Legislativo – 98,3% – e melhora apenas um pouco no caso do Ministério Público (MP): 95,4%.

Outras instâncias que praticamente não aparecem no noticiário de Saúde da Criança são os organismos internacionais – fontes principais de apenas 1,2% dos textos analisados na pesquisa coordenada pela ANDI sobre a cobertura desse tema na imprensa em 2001. Quando a inclusão na pauta se dá por demandas dos organismos internacionais, a razão central é a divulgação de relatórios, seguida do aleitamento materno, apoiado no Brasil por diversas entidades estrangeiras. O Unicef aparece nas matérias como fonte informativa de dados e de análises sobre a infância, especialmente por ocasião do lançamento de seus relatórios. Os temas mais abordados nessas reportagens foram as questões obstétricas, o desenvolvimento infantil e a mortalidade infantil e na infância.

PRINCIPAIS FONTES OUVIDAS PELA IMPRENSA ESCRITA BRASILEIRA, SEGUNDO A PESQUISA *MÍDIA E SAÚDE DA CRIANÇA*

Executivo Federal	4,8%
Executivo Estadual	9,2%
Executivo Municipal	10,2%
Judiciário	0,1%
Ministério Público	0,8%
Legislativo Federal	0,3%
Legislativo Estadual ou Distrital	1,0%
Legislativo Municipal	0,6%
Especialistas	1,5%
Médicos	13,9%
Psicólogos	1,4%
Enfermeiros	1,4%
Diretores de hospitais e postos de saúde	6,7%
Outros profissionais de saúde	3,8%
Pacientes/usuários	10,4%
Unicef	0,6%
Outros organismos internacionais	0,6%
Universidades	3,5%
Empresas privadas	0,4%
Fundações/Institutos	1,5%
Associações	2,5%
Pastoral da Criança	1,2%
Conselhos de saúde	0,1%
Outros Conselhos	0,6%
Outras organizações da sociedade civil	2,7%
Outros	6,4%
Não foi possível identificar	13,4%

PARA COBRAR DOS MUNICÍPIOS

Conheça as 26 competências municipais para a garantia da sobrevivência, do desenvolvimento, da participação e da proteção da criança. Elaborada pelo Unicef, esta lista de obrigações das prefeituras, em consonância com as leis vigentes no País, serve como panorama para orientar a cobertura local do tema.

A gestão municipal deve ter:

1. Serviços de pré-natal, parto e pós-parto de qualidade e humanizados, em unidades de saúde e hospitais, com profissionais capacitados e com condições de trabalho que assegurem um nascimento seguro.

2. Serviços de saúde que estimulem a participação do pai e de membros das famílias no pré-natal, parto e pós-parto, informando a importância para a criança e a mãe desse envolvimento familiar.

3. Políticas de implantação e implementação dos Programas de Saúde da Família (PSF), de Agentes Comunitários de Saúde (PACS) e da Pastoral da Criança, que informem e construam com as famílias os saberes necessários para o fortalecimento das competências familiares.

4. Unidades de saúde de fácil acesso com serviços de atenção integral à saúde, garantindo que as crianças sejam completamente imunizadas.

A gestão municipal deve garantir que:

5. A criança tenha assegurado o direito ao registro civil e à certidão de nascimento gratuitos, por meio dos postos avançados instalados em maternidades e nos cartórios de registro civil.

6. Os programas PSF, PACS e Pastoral da Criança orientem sobre amamentação exclusiva até os seis meses e continuada até os dois anos e que os hospitais e maternidades do município conquistem o título de Hospital Amigo da Criança.

7. As unidades de saúde, o PSF, o PACS e a Pastoral da Criança tenham profissionais qualificados na orientação dos pais em relação ao desmame e à alimentação complementar.

8. As unidades de saúde tenham profissionais qualificados na orientação sobre a importância dos micronutrientes na alimentação normal e sobre os estoques necessários de vitamina A e ferro, especialmente.

9. Os programas de saúde destinados à população, especialmente PSF, PACS e Pastoral da Criança, tenham programas educativos de higiene de qualidade.

10. Em áreas atingidas por malária, as crianças e a gestante tenham acesso ao mosquiteiro impregnado e outros métodos de proteção.

11. As crianças doentes tenham fácil acesso a unidades de saúde (centros de saúde ou hospitais), qualificados para seu atendimento.

A gestão municipal deve garantir que as famílias tenham acesso a:

12. Profissionais que as orientem, nos procedimentos, nas dicas, nas práticas e nas atitudes em relação a situações de saúde.

13. Profissionais que as orientem em como oferecer a atenção a suas crianças, especialmente quanto à oferta de líquidos e leite materno.

14. Informações de como oferecer tratamento em suas casas para crianças com algum tipo de infecção.

15. Informações qualificadas sobre a importância de manter uma rotina de atividades familiares, por exemplo, de higiene pessoal matinal, hora do banho e hora de dormir.

16. Informações sobre a importância da conversa e da leitura para as crianças e acesso facilitado a revistas, livros ou figuras, ou mesmo a creches e pré-escolas de qualidade ou outras formas de organização comunitária que favoreçam essas práticas.

17. Informações sobre a importância de dedicar ou passar algum tempo com a criança e somente com ela.

Apenas 5,9% de todos os textos sobre Saúde da Criança focalizados pela pesquisa coordenada pela ANDI especificaram a situação local com relação a determinado assunto. Na maior parte das vezes, o material de agências de notícias, quase sempre de caráter nacional, é reproduzido integralmente. É raro estar acompanhado por outras reportagens ou informações extras no próprio texto, permitindo ao leitor conhecer o cenário daquele problema na cidade, no estado ou na região em que vive.

18. Informações sobre a importância de a criança ter brinquedos em casa ou mesmo em brinquedotecas, creches e pré-escolas de qualidade ou outras formas de organização comunitária que favoreçam o acesso.

19. Informações sobre a importância de escutar a criança e garantir a sua participação em decisões da família desde bem pequena.

20. Informações sobre a importância de a criança ter oportunidades de se socializar com outros meninos e meninas de sua idade, para brincar e aprender a como reagir reciprocamente em situações sociais seja em casa, em creches e pré-escolas de qualidade ou em outras formas de organização comunitária que estimulem tais práticas.

21. Informações sobre a importância de estabelecer redes informais com outros membros da família e vizinhos para cuidar das crianças em situações excepcionais, assim como facilitar a existência desse sistema.

22. Informações sobre a importância de estabelecer redes formais com outros membros da família e vizinhos, tais como clubes de mães para cuidar das crianças em situações de rotina, assim como facilitar a existência dessa rede.

23. Informações sobre os efeitos danosos do álcool e outras drogas, por meio da mídia, encontros comunitários e profissionais do PSF, PACS e Pastoral da Criança.

24. Informações sobre como acessar e assegurar os serviços existentes que possam contribuir para a atenção especial a suas crianças, por meio de profissionais do PSF, PACS e Pastoral da Criança, mídia, clubes de vizinhança ou outros.

25. Informações sobre como exigir e assegurar a existência de serviços que possam contribuir para a atenção integral às suas crianças, por meio de profissionais do PSF, PACS e Pastoral da Criança, Conselhos Municipais, mídia, clubes de vizinhança ou outros.

26. Informações sobre a importância de que o principal provedor da criança tenha controle do orçamento e dos recursos financeiros do lar.

O OUTRO LADO DO BALCÃO

Médica formada pela Universidade Gama Filho, no Rio de Janeiro, Ana Goretti Kalume Maranhão é especialista em Pediatria. Foi coordenadora da área de Saúde da Criança do Ministério da Saúde durante o governo Fernando Henrique Cardoso.

De modo geral, os jornalistas encontram dificuldades para interpretar dados científicos. Quando o Ministério das Saúde divulga informações, existe a preocupação em produzir um material diferenciado e didático para esses profissionais? Acho que as matérias sobre diferentes temas da saúde, publicadas nos jornais, quando não são feitas por jornalistas que conhecem os assuntos geralmente trazem equívocos, sobretudo nas interpretações dos dados das pesquisas. Isso é muito comum, por exemplo, quando a temática é a mortalidade infantil. O Ministério da Saúde, por meio de sua Assessoria de Comunicação Social, geralmente prepara *releases* dos assuntos que são de interesse público e, conseqüentemente, da própria mídia. Também há casos em que é preciso preparar respostas para reportagens já publicadas. Tanto esses *releases* quanto as respostas são elaborados a partir de textos preparados pelos técnicos dos diferentes setores do Ministério.

Como você avalia a cobertura jornalística dos assuntos relacionados ao SUS? Acha que os jornalistas já conhecem a estrutura do Sistema Único de Saúde? Muitos realmente não conhecem ainda a dinânima de funcionamento do SUS. Existem diferenças de interpretação de acordo com o conhecimento de cada jornalista nesta área. Seria fundamental que pudessem compreender mais detalhadamente a responsabilidade de cada nível de atuação dos SUS e a sua abrangência, o que teria um impacto bastante positivo na qualidade da informação.

Na sua opinião, quais são os erros mais comuns na cobertura das temáticas relacionadas à saúde? Há equívocos, muitas vezes, pela própria visão que existe na imprensa brasileira de que jornal ou outro tipo de veículo não vende quando a notícia é boa. É preciso mudar essa cultura do quanto pior a situação, mais a notícia é atrativa. Os jornalistas deveriam, antes de fazer as matérias, consultar as fontes de maneira exaustiva para não serem injustos ou não verdadeiros nas suas notícias. É claro que não estou me referindo a maquiar fatos. Os textos devem retratar a realidade, sempre reconhecendo os problemas. No entanto, também devem apontar os avanços conseguidos em cada área.

Artigo

VIOLÊNCIA E SAÚDE

*por Rachel Niskier**

A violência se configura atualmente como um grave problema de saúde pública. A população infanto-juvenil, por estar em processo de crescimento e desenvolvimento, é mais vulnerável aos diversos tipos de agressão. Desde a chamada violência estrutural até aquela que permeia as relações interpessoais, as crianças e os adolescentes são as grandes vítimas dessa violação de seus direitos fundamentais.

É importante ressaltar que o setor da saúde não está acima dos problemas nacionais de onde decorrem as precariedades de vida da população, cabendo a ele participar ativamente na busca de soluções que possam contribuir para a definição de políticas e para a prática de ações conseqüentes. Ele deve, pois, se integrar às outras áreas da sociedade e atuar, ampla e democraticamente, no desenvolvimento de ações interdisciplinares e intersetoriais que busquem saídas para a questão.

Não podemos esquecer, porém, que o cotidiano dos profissionais de saúde aponta para as condições adversas de trabalho, sejam elas decorrentes da inadequação dos espaços, de formação para o atendimento dos episódios de violência, da desarticulação com os Conselhos Tutelares (instâncias encarregados por zelar pelo cumprimento dos direitos da população infanto-juvenil), da baixa resolução em setores de emergência e trauma e do desrespeito dos organismos responsáveis pela remuneração e pela carreira dos trabalhadores dessa área.

Violência doméstica

No entanto, não é mais possível ignorar um problema que afeta um número cada vez maior de crianças e adolescentes. A magnitude e a gravidade dos maus-tratos, por exemplo, têm levado aos consultórios da rede pública e às clínicas particulares situações cada vez mais freqüentes de violência. Por isso, pediatras e demais profissionais da equipe de saúde devem ficar atentos à obrigatoriedade do diagnóstico, do tratamento e do encaminhamento corretos, o que inclui a notificação ao Conselho Tutelar da área de residência da vítima.

Uma pesquisa realizada com 75 profissionais revelou, porém, que o pediatra ainda vê o atendimento de maus-tratos como algo externo à sua competência. Este estudo mostrou que um terço dos entrevistados se limitou ao encaminhamento do caso a outra instância. A Sociedade Brasileira de Pediatria vem desenvolvendo a *Campanha Nacional de Prevenção de Acidentes e Violência*, o que tem contribuído decisivamente para a sensibilização e a informação dos pediatras e de toda a equipe que atende aos casos. Cabe aos profissionais da área ajudar na promoção da qualidade de vida, prevenir agravos, recuperar e reabilitar a saúde, física, mental e social em ações com os demais setores sociais.

Mais do que uma questão de saúde

O fato é que os maus-tratos em seus vários tipos, como os físicos, os psicológicos, a negligência e o abuso sexual, trazem à tona não apenas uma questão médica, mas também os múltiplos aspectos sociais, econômicos, conjunturais, culturais e históricos que envolvem essa problemática. Sabemos que a questão do abuso sexual é muito complexa e requer uma abordagem cuidadosa. Isso porque mais de 80% dos casos acontecem na própria residência da criança ou do adolescente, sendo o abusador um dos pais ou pessoa de convivência próxima da vítima. Por ocorrer no âmbito familiar, esse fato é geralmente revestido de um pacto de silêncio, impedindo que terminemos conhecendo o real número de casos.

Prevenir a violência em suas diversas manifestações é tarefa de todos, sem exceção, e seu principal instrumento é a aplicação imediata do Estatuto da Criança e do Adolescente – o ECA – que dispõe sobre os direitos e os deveres de todas as pessoas até 18 anos de idade. Ele contém vários artigos pertinentes à saúde: como dever geral (Artigo 4º) e como se efetiva (dos Artigos 7º ao 14º, 87º, 130º, 245º e outros). O Direito da Criança e do Adolescente Hospitalizados, que garante a presença de acompanhantes, é assegurado pela Resolução 41 de outubro de 1995, do Conselho Nacional dos Direitos da Criança e do Adolescente (Conanda).

Embora o atendimento de maus-tratos ainda esteja pouco estruturado no País, já existem fichas de notificação compulsória, profissionais treinados e serviços sendo reorganizados para suprir essa demanda. É bom destacar que, segundo o ECA, os profissionais de saúde são obrigados a notificar ao Conselho Tutelar os casos de violência cometidos contra as crianças e os adolescentes.

Números preocupantes

De acordo com o quadro epidemiológico referente à faixa etária de zero a 18 anos, observa-se que os acidentes (principalmente os de trânsito) e as mortes violentas – as chamadas causas externas – são os principais motivos de óbito nesse segmento populacional em todo o País. A violência, que ocupava o quarto lugar no quadro da mortalidade geral até a década de 1960, pulou para o segundo lugar nos anos de 1980 e 1990. Enquanto em 1980 as causas externas eram responsáveis por mais da metade (52,9%) do total das mortes de jovens brasileiros, durante a década de 1990 esse percentual aumentou para mais de dois terços do total de óbitos de jovens (67,4%), principalmente por causa do crescimento do número de homicídios e acidentes de trânsito.

No que concerne à violência estrutural, ressalta-se que a melhoria das condições de saúde de crianças e adolescentes está intimamente relacionada à necessidade de avanços políticos e sociais e à consolidação das conquistas que estão em andamento no Brasil.

Essas mortes não estão atingindo igualmente ricos e pobres, brancos e negros, moradores dos grandes centros urbanos e zonas rurais. Os dados revelam que são os menos favorecidos, jovens pobres e negros, habitantes de comunidades socialmente desprotegidas pelo Estado, as maiores vítimas. A grave concentração de renda, ocasionando desigualdades sociais impeditivas do crescimento harmônico da Nação, se traduz pelo elevado número de crianças e adolescentes excluídos, na prática, dos benefícios das leis e dos equipamentos sociais. Fica evidenciada a exclusão social como potencializadora da violência, em todas as suas modalidades.

Segundo o Pacto pela Paz, aprovado pela *IV Conferência Nacional dos Direitos da Criança e do Adolescente*, o País tem que garantir às crianças e aos adolescentes a execução das políticas de saúde pública e de acesso universal à promoção, à prevenção, à proteção e à recuperação da saúde.

**Rachel Niskier Sanchez é médica pediatra com atuação em Adolescência e Saúde Pública, do Instituto Fernandes Figueira da Fiocruz, conselheira do Conanda e coordenadora da Campanha Nacional de Prevenção de Acidentes e Violência da Sociedade Brasileira de Pediatria.*

O PERFIL DO PEDIATRA BRASILEIRO

Pesquisa de 1999 da Sociedade Brasileira de Pediatria (SBP), em parceria com a Escola Nacional de Saúde Pública, mostrou que só 38% dos profissionais que atuam no serviço público estão satisfeitos. "A carga de trabalho é grande. Além disso, faltam equipamentos, remédios e suporte laboratorial", diz o pediatra Eduardo Vaz, coordenador do estudo e secretário-geral da SBP. Outro problema é que há poucos concursos públicos para pediatras. Segundo Vaz, a contratação desses profissionais, muitas vezes, é feita por meio de "falsas cooperativas", que não lhes dão direitos trabalhistas.

- São 36 mil pediatras no Brasil – 60% estão nas capitais e apenas 40% no interior
- 58% deles trabalham na região Sudeste, 14,29% no Sul, 17,74% no Nordeste, 7,11% no Centro-Oeste e 2,71% no Norte
- 59,80% são mulheres e 40,20%, homens
- 81,29% exercem atividades na rede pública
- 79,49% trabalham em regime de plantão
- 77,61% acham o trabalho desgastante
- 90% dos que trabalham no serviço privado estão satisfeitos. Apenas 38% dos que atuam na rede pública estão satisfeitos
- A média salarial varia entre R$ 2.500 e R$ 4.000
- A carga horária semanal é de 60 horas.

Caminhos para Aprimorar a Cobertura

RECOMENDAÇÕES PARA O JORNALISTA

- Uma ferramenta indispensável para melhor informar a população sobre o tema da Saúde da Criança é mencionar a legislação, seja ela portaria, decreto, lei ou outros instrumentos legais. Os artigos 227 e 204 da Constituição Federal são a base dos direitos que serão regulamentados em diversas leis federais e locais.

- As universidades brasileiras realizam estudos importantes nas mais diferentes áreas da Saúde da Criança. São também ricas em especialistas que podem, rapidamente, auxiliar um repórter na contextualização de certas informações, oferecendo, inclusive, contrapontos às posições oficiais. Por isso, é fundamental que o jornalista mantenha um contato permanente com essas instituições e seus profissionais.

- Consultar referências bibliográficas, fontes institucionais e especialistas ajuda na elaboração de uma boa matéria na área de saúde. O planejamento antecipado da pauta, sempre que possível, permite ao responsável pelo fornecimento de informações o tempo mínimo necessário para organizá-las, evitando a divulgação de dados imprecisos ou até incorretos.

- As reportagens devem também contemplar a opinião de quem utiliza o sistema de saúde, seja ele público ou privado. Portanto, é preciso ouvir tanto as crianças quanto os adultos responsáveis, além de procurar pelas lideranças da comunidade.

- Ao mencionar propostas para solucionar os problemas abordados no texto, o repórter deve apresentar não somente o que é de responsabilidade do Poder Público, mas também o que pode ser feito pela sociedade civil, incluindo os profissionais de saúde – médico ou não – e o setor privado. Além, é claro, das famílias das crianças. Nesse caso, é preciso ter todo o cuidado para não culpar injustamente as famílias nem as crianças pelas questões identificadas. É necessário, porém, comentar a possibilidade de que as saídas devem e podem contar com a participação dos próprios usuários do sistema de saúde. Em algumas situações, além de medidas e soluções oficiais e tradicionais, podem ser sugeridas saídas alternativas e/ou caseiras, desde que haja respaldo técnico para essa indicação. É preciso, no entanto, cuidado extremo para não fazer recomendações que sejam exclusivas da atuação do profissional médico, como é o caso da prescrição de medicamentos. Afinal, a mídia não deve ser um consultório.

- Os jornalistas que fazem a cobertura da área de saúde precisam conhecer bem o Código de Ética Médica, além das normas que regem o funcionamento do sistema, inclusive nos serviços privados, como planos de saúde e hospitais particulares.

Além da necessidade de ouvir várias fontes, que tenham opiniões distintas, é imprescindível entrevistar os atores certos. É bom lembrar que muitos serviços privados integram o Sistema Único de Saúde no País, recebendo, inclusive, verbas públicas. Mesmo os que funcionam exclusivamente com recursos particulares merecem olhar atento quanto à qualidade do serviço prestado, que costuma ser ignorado pela mídia. Além disso, são fontes de pesquisa, soluções e programas pioneiros para a promoção da saúde. É importante, em muitos casos, também ouvir a opinião de representantes do Legislativo, do Judiciário, do Ministério Público, do pessoal técnico especializado e dos representantes da sociedade civil.

SUGESTÕES DE PAUTA

- A alimentação exclusiva com leite materno até os seis meses de vida tem papel importante na redução tanto da mortalidade quanto da prevalência de doenças entre recém-nascidos. A mídia pode explorar essas vantagens, abordar as principais dificuldades, as inúmeras pesquisas que atestam o valor nutritivo do leite da mãe, os problemas que podem ocorrer durante essa fase, dentre outras questões. É sempre bom dar um viés de serviço a essas reportagens. A divulgação dessas ações pode ser intensificada durante eventos específicos, como a Semana Mundial de Amamentação. Nesse período, geralmente são preparados materiais especiais com dados nacionais e internacionais, curiosidades, relatos de experiências e outras questões.

- Além das matérias sobre amamentação, sempre importantes, recomenda-se também que a mídia passe a colaborar com a fiscalização sobre o cumprimento da NBCAL – Norma Brasileira de Comercialização de Alimentos para Lactentes e Crianças na Primeira Infância, Bicos, Chupetas e Mamadeiras. Esta norma tem como objetivo principal proteger o aleitamento exclusivo até os seis meses de vida e sua continuidade até os dois anos de idade, conforme recomendações da OMS e do Unicef. As novas regras estão estabelecidas na portaria nº 2051, de 8 de novembro de 2001, do Ministério da Saúde. Trata-se de uma rica fonte para matérias sobre o assunto.

- Os números nacionais de mortalidade infantil escondem distintas realidades, que poderiam estimular pautas nos jornais. Seria importante que a mídia abordasse as diferenças epidemiológicas regionais desse indicador e que ressaltasse as causas mais freqüentes de óbitos infantis e suas formas de prevenção, como a qualidade dos cuidados maternos no pré-natal e no parto, contribuindo para a redução da mortalidade por causas perinatais.

- Segundo dados da Associação Brasileira Multiprofissional de Proteção à Infância e à Adolescência (Abrapia), a violência doméstica é um mal que atinge, todos os anos, mais de 600 mil crianças e adolescentes no Brasil. Alguns órgãos estão preparados para prestar atendimento às vítimas de maus-tratos, entre eles os Conselhos Tutelares, as Delegacias de Proteção à Criança e ao Adolescente e as Varas da Infância. É preciso investigar se essa rede está funcionando, como é feito o atendimento à família e qual é o envolvimento dos profissionais de saúde na prevenção e no combate desse grave problema.

- As causas externas – entre elas, acidentes de trânsito e domésticos, agressões, e afogamentos – são responsáveis pelo maior número de mortes na faixa etária entre cinco e 19 anos no Brasil, de acordo com dados do Datasus. Novamente, o caráter de serviço na cobertura de saúde deve aparecer com força no tratamento desse tema. Vale dar dicas para evitar que esses transtornos aconteçam, indicando caminhos de como proceder caso a criança se acidente e dando orientações sobre primeiros-socorros.

- É importante prestar atenção aos certificados de qualidade na área da criança. Alguns exemplos: Hospital Amigo da Criança e Município Aprovado, concedidos pelo Unicef, e Prefeito Amigo da Criança, que é um selo da Fundação Abrinq pelos Direitos da Criança e do Adolescente. Vale a pena investigar junto às entidades que concedem tais certificados os critérios utilizados para a concessão dessa espécie de selo de garantia. Os programas e as instituições que recebem a certificação realmente são modelos em suas áreas de atuação? Quem fiscaliza suas ações? Que iniciativas adotadas por eles podem servir de modelo para outras experiências? *(veja mais informações sobre essas três iniciativas no Glossário, na página 110)*

- Inaugurações de unidades de promoção, atenção e recuperação da saúde: esta pauta vale sempre que não for reduzida à propaganda de determinada ação. Por isso, é imprescindível a investigação jornalística para garantir ao leitor as informações realmente relevantes. Quais serviços serão oferecidos? Qual o impacto dessa nova unidade na oferta regional de serviços de Saúde da Criança? A localidade escolhida foi realmente a melhor, a mais adequada? As instalações são seguras? A obra é de qualidade?

③

Saúde e Desenvolvimento Humano

Os indicadores criados para medir as condições de vida de uma população são elementos fundamentais na avaliação das políticas públicas para a infância

Desde o início da década de 1990, o Programa das Nações Unidas para o Desenvolvimento (PNUD) publica anualmente o relatório de Desenvolvimento Humano. Elaborado a partir do trabalho teórico que rendeu o prêmio Nobel ao economista indiano Amartya Sen, o documento apresenta também um *ranking* dos países de acordo com os indicadores de qualidade de vida de cada população. Diversos índices educacionais, econômicos e de saúde ajudam a compor uma análise da situação de vida dos povos, sintetizando três eixos: longevidade, educação e renda. O Brasil ocupou, no último levantamento, baseado em estatísticas de 2002, a 73ª posição. O Índice de Desenvolvimento Humano (IDH) do País é 0,757 – o que o situa entre as nações com grau médio de desenvolvimento.

Os dados do relatório do PNUD são excelentes parâmetros de fácil acesso que permitem ao jornalista analisar a situação de saúde nacional ou local dentro do contexto global dos principais desafios da área. A própria relação entre os indicadores escolhidos para compor o índice permite visualizar a saúde como uma meta sujeita a uma diversidade de atores muito mais rica que a simples ausência de doenças.

Apesar de o IDH ser um indicador relativamente conhecido por muitos jornalistas, ainda são raros os casos de reportagens que associam questões ligadas ao desenvolvimento humano com temas relevantes, entre eles a saúde das crianças. A pesquisa coordenada pela ANDI sobre esse assunto mostra que poucos textos relacionam o bem-estar infantil com o desenvolvimento social e econômico, por exemplo.

Entre as principais razões para o baixo desempenho brasileiro no *ranking* do IDH está a distribuição de renda. É uma das piores do mundo, apesar de o País ser a 12ª economia do planeta. Nesse item, o Brasil se iguala a nações como Serra Leoa e Suazilândia. O bem-estar da população não corresponde à renda média por habitante, a 60ª maior do mundo. A classificação do País no IDH é treze pontos mais baixa que sua posição no *ranking* de renda. A distância entre o Produto Interno Bruto *per capita* e as condições sociais só perde para a dos países árabes produtores de petróleo, onde um PIB alto convive com baixas médias de alfabetização e expectativa de vida.

Na classificação de Desenvolvimento Humano, o Brasil perde para Argentina (34ª), Uruguai (40ª), Costa Rica (43ª), Emirados Árabes (47ª), Croácia (48ª), México (54ª), Cuba (55ª), Colômbia (68ª) e Venezuela (69ª).

No ano de 2000, enquanto o Brasil registrava a taxa de mortalidade infantil para menores de um ano de idade de 29,6 óbitos para cada mil nascidos vivos, países latino-americanos apresentavam médias melhores: seis em Cuba; 14 no Uruguai; 19 na Argentina; 20 na Venezuela e 26 na Colômbia.

Todos esses países diminuíram muito seus índices nos últimos 30 anos, mas o Brasil teve a redução mais expressiva: a taxa era de 95 por mil em 1970.

IDH é pouco mencionado

O Índice de Desenvolvimento Humano é calculado levando-se em consideração três dimensões básicas: uma vida longa e saudável, medida pela expectativa de vida ao nascer; conhecimento, aferido pela taxa de escolarização bruta combinada dos níveis fundamental, médio e superior e pelo índice de alfabetização de adultos; e nível de vida digno, calculado com base no PIB *per capita*, que indica a paridade do poder de compra.

Ações do Poder Público são a maior fonte de pautas para a mídia na área de saúde e, apesar de as matérias abordarem projetos e programas de combate à pobreza do governo, nenhuma delas faz relação dessas iniciativas com o conceito de IDH, que vem sendo usado desde 2000 como instrumento para definir a aplicação de recursos do governo federal e até das administrações municipais.

Força para a cidadania

Informações sobre a formulação das políticas públicas permitem ao leitor avaliar como os investimentos são definidos e pressionam o Poder Público a prestar contas efetivas sobre a escolha certa do destino de sua verba para determinada área. Ou seja, dá ferramentas ao cidadão para cobrar mais medidas e investimentos do governo para a área da criança.

O conhecimento do IDH nacional e sua comparação com municípios vizinhos, bairros de uma mesma cidade ou entre países serve de subsídio para a formulação de políticas

Entre os temas abordados nas reportagens analisadas pela pesquisa *Mídia e Saúde da Criança*, alguns poderiam estar especialmente correlacionados ao Desenvolvimento Humano, como doenças infecto-contagiosas, desnutrição, aleitamento materno, mortalidade infantil, expectativa de vida, Desenvolvimento Infantil e questões obstétricas. Mas pouquíssimos textos exploram as possibilidades desse conceito e das ferramentas criadas para mensurá-lo, visando ampliar o enfoque da matéria.

Apenas 0,4% de todos os textos sobre Saúde da Criança avaliados pelos consultores convidados pela ANDI menciona o Índice de Desenvolvimento Humano. O IDH foi associado a temas como políticas públicas e mortalidade infantil. A relação apareceu em textos que destacaram que programas e políticas públicas utilizam o índice para alocar recursos.

públicas e de incentivo para a atuação do setor privado – que pode decidir, por exemplo, instalar um hospital particular ou uma fábrica em determinado local. Além disso, os indicadores servem para estimular o processo de controle por parte dos próprios beneficiários dos serviços.

Entre os indicadores discutidos no relatório de Desenvolvimento Humano estão saneamento básico e acesso à água potável, nos quais o Brasil, notadamente, não tem bom desempenho. Esses temas, entretanto, são mal explorados nas matérias sobre Saúde da Criança *(veja nas páginas 32 e 143 indicadores relativos à qualidade de vida das crianças brasileiras; na página 82 estão as metas assumidas pelo País nessa área).*

Essas poucas menções ocorrem, principalmente, nos seguintes temas:

- Desnutrição
- Assuntos diversos de políticas públicas
- Mortalidade infantil
- Hábitos alimentares
- Desenvolvimento infantil
- Relatórios de organismos internacionais
- Questões variadas da sociedade civil
- Doenças perinatais e saúde materno-infantil em termos gerais

Outros assuntos que também despertaram essa relação:

- Doenças crônicas respiratórias, oftalmológicas e infecto-contagiosas
- Parto humanizado
- Aleitamento materno
- Suplementos alimentares
- Pesquisas
- Vacinação de crianças e mulheres

ÍNDIOS, QUILOMBOLAS, RAÇAS E ETNIAS

No território brasileiro vivem cidadãos que compartilham índices de saúde assustadores até para os baixos padrões nacionais. Só em 2001, a Fundação Nacional de Saúde (Funasa) registrou 88 mil casos de infecções intestinais e 87 mil de parasitoses entre os 374 mil índios brasileiros. A taxa de mortalidade infantil das três mil aldeias do País é de 56 óbitos em mil nascimentos, enquanto a média brasileira é de 29 por mil. A incidência de malária é 10 vezes maior que a taxa nacional. A de tuberculose, cinco.

A saúde das populações indígenas e daquelas que vivem em quilombos tem realidades próprias e portanto merece um tratamento diferenciado da imprensa. A atenção à saúde indígena no País, organizada pela Funasa, é executada principalmente por organizações não-governamentais. E isso se dá por meios de convênios com o Ministério, que consomem mais de 80% da verba destinada a essa área específica. Essa política de convênios precisa da fiscalização pública – e jornalística – uma vez que atende a uma das populações que concentra índices de saúde abaixo da média nacional.

COMO OS TEXTOS ABORDAM A RELAÇÃO ENTRE MEIO AMBIENTE E SAÚDE, SEGUNDO A PESQUISA *MÍDIA E SAÚDE DA CRIANÇA*

Como solução	2,3%
Como direito componente do desenvolvimento	0,8%
Relação explícita com questão de deficiência física	1,9%
Causa dos problemas de saúde	6,4%
Não menciona	88,6%

COMO APARECEM AS QUESTÕES DE RAÇA OU ETNIA

Menciona raça ou etnia	0,6%
Não menciona	99,4%

COMO APARECEM AS QUESTÕES DE CULTURA

Menciona diferenças culturais	0,7%
Não menciona	99,3%

SAÚDE E DESENVOLVIMENTO INFANTIL

As oportunidades que o País, por meio dos estados e dos municípios, oferece para as crianças desenvolverem suas capacidades indicam "a saúde" do sistema como um todo. E permitem associações rápidas para ampliar o contexto de uma matéria. O direito à saúde, entendido como requisito fundamental para essa formação plena, ganha uma nova dimensão: a do Desenvolvimento Infantil. No universo das quase mil matérias sobre Saúde da Criança, publicadas ao longo do ano de 2001 e analisadas pela ANDI e seus parceiros, entretanto, essa abordagem aparece em apenas 1,9% dos textos. No Brasil, o relatório *Situação da Infância Brasileira 2001*, lançado pelo Fundo das Nações Unidas para a Infância (Unicef) apresentou dados relativos ao Índice de Desenvolvimento Infantil (IDI). O indicador é uma importante ferramenta de comparação das condições de vida das crianças nos diferentes municípios do País.

O próprio conceito de Desenvolvimento Infantil, também criado pelo Unicef, ajuda a aprofundar a visão sobre a garantia à saúde: "Na vida das crianças os primeiros anos duram para sempre. Desenvolvimento Infantil é um direito e, portanto, é uma prioridade. O Desenvolvimento Infantil assegura que todas as crianças recebam os melhores cuidados possíveis e as melhores condições para o pleno desenvolvimento do seu potencial humano. O investimento em Desenvolvimento Infantil é o caminho mais curto para quebrar a transmissão intergeracional da pobreza e para a construção dos fundamentos da paz. (...) É preciso promover o compromisso com a criança cidadã e o fortalecimento continuado das competências da família para fazer valer seus direitos. Precisamos ainda reconhecer a importância do desenvolvimento físico, emocional, cognitivo, cultural e social das crianças e apoiar intervenções amplas e integradas que incluem saúde, nutrição, estimulação e educação, proteção e participação, maximizando os benefícios para as crianças, as famílias e as comunidades".

Em apenas 1,4% dos textos analisados pela pesquisa *Mídia e Saúde da Criança* o dado exposto na reportagem é confrontado com indicadores nacionais ou internacionais. Essa comparação permitiria que o leitor estabelecesse referências sobre a situação retratada. Sem balizar um índice, indicador ou dado, a informação corre grande risco de se tornar irrelevante para o público, caso ele não disponha de conhecimento prévio que lhe forneça parâmetros para o entendimento do que aquele número significa.

ENTENDA OS CONCEITOS

Desenvolvimento Econômico: É traduzido pelo crescimento econômico (aumento do Produto Interno Bruto *per capita*) acompanhado pela melhoria do padrão de vida e do consumo da população e por alterações fundamentais na estrutura da economia de um País. Caracterizam o desenvolvimento econômico fatores como: crescimento da atividade industrial em comparação com a agrícola; redução das importações de produtos industrializados e das exportações de produtos primários e menor dependência de auxílio externo.

Desenvolvimento Social: em 1980, a Brand Comission da Organização das Nações Unidas questionou a exclusividade do parâmetro de desenvolvimento econômico. O conceito então foi ampliado. Desenvolvimento significa mais do que a passagem da condição de País pobre para a de rico, de uma economia tradicional rural para uma tecnologicamente sofisticada. O desenvolvimento social considera, principalmente, as noções de maior dignidade humana: mais segurança, justiça, mobilização social, preservação cultural, participação política, maior poder de decisão da população e eqüidade. Todas elas, possibilitadas pelo acesso à educação, à saúde, ao saneamento básico, à moradia, à cultura e às condições ambientais.

Desenvolvimento Humano: A razão do desenvolvimento é o ser humano que o gera. Por esse motivo, ele deve ter três atributos básicos: desenvolvimento das pessoas (aumentando suas oportunidades, capacidades, potencialidades e direitos de escolha), desenvolvimento para as pessoas (garantindo que seus resultados sejam apropriados eqüitativamente pela população) e desenvolvimento pelas pessoas (alargando a parcela de poder dos indivíduos e das comunidades durante sua participação ativa na definição do processo de desenvolvimento do qual são sujeitos e beneficiários). De acordo com esse conceito, existem duas qualidades indissociáveis do desenvolvimento: ser eqüitativo e sustentável. Ambas manifestam-se na maneira como se processa sua construção e na distribuição de seus resultados entre os membros das presentes e das futuras gerações. Logo, a sustentabilidade do desenvolvimento pode ser focalizada a partir de diversos fatores: é política, social, cultural, econômica e, não menos importante, ambiental – entendendo-se por ambiente os serviços e os recursos naturais que dão suporte ao processo do Desenvolvimento Humano, no presente e no futuro. Um processo que atenda a esses atributos será denominado Desenvolvimento Humano Sustentável (DHS).

OS TEXTOS SOBRE SAÚDE DA CRIANÇA, QUANTO À ASSOCIAÇÃO COM PILARES DO DESENVOLVIMENTO

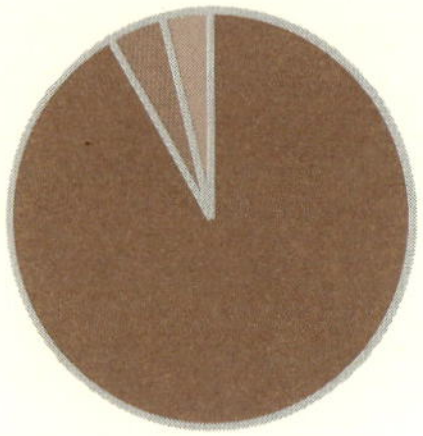

Não mencionaram – 91,7%

Social – 4,5%

Econômico – 3,9%

COMO A EDUCAÇÃO É RETRATADA, SEGUNDO A PESQUISA *MÍDIA E SAÚDE DA CRIANÇA*

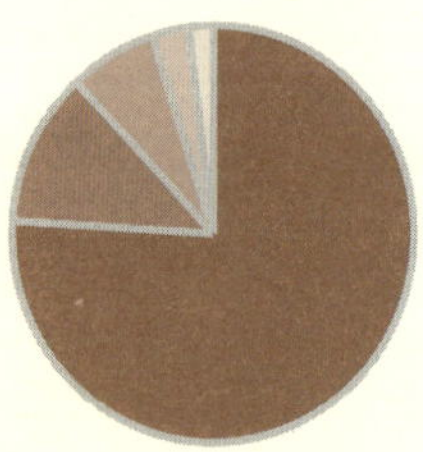

Não fala em Educação – 78,8%

Como solução – 11,4%

Fala sem relacionar com saúde da criança – 7,4%

Estabelece relação com problemas de escolaridade – 1,7%

Como direito componente de desenvolvimento – 0,7%

DEFICIÊNCIAS E DESENVOLVIMENTO HUMANO

Uma discussão consistente em torno dos conceitos de Desenvolvimento Humano deve necessariamente apresentar uma abordagem holística. Apoiada nesse princípio, a ANDI elegeu um tema "espelho" para funcionar como grupo-controle em relação a essas questões associadas à ótica do desenvolvimento, no contexto da pesquisa de Saúde da Criança. Esta temática que atua como elemento de comparação é a de crianças com deficiências*.

A análise da cobertura jornalística oferecida a este tema naqueles mesmos dias que compõem as amostras das matérias sobre Saúde da Criança pode indicar em que medida os repórteres estão ou não tratando os diferentes assuntos de maneira integrada. Ou seja: consideramos relevante saber se é apenas na área de saúde que há problemas de tratamento editorial relacionado aos parâmetros de Desenvolvimento Humano.

Abordagem mais ampla

A avaliação do noticiário sobre Deficiências na Infância traz dados animadores. Os números mostram que é possível falar de um assunto específico a partir dessa visão mais holística. Quando se comparam as matérias de Saúde da Criança com as de Deficiências, em torno das questões relativas ao Desenvolvimento Humano, fica claro que as últimas apresentam uma qualidade informativa superior.

Das 154 matérias de Deficiências na Infância analisadas, 13,5% mencionam o Desenvolvimento Econômico e 11% o Desenvolvimento Social – números praticamente três vezes maiores do que os encontrados nas reportagens de saúde. Quando olhamos para o item direitos civis e políticos, a diferença se acentua ainda mais: 20% dos textos sobre Deficiências associam o tema a tais direitos, um índice 12 vezes superior ao computado em Saúde da Criança. Quanto ao viés da Educação, a diferença em relação aos textos de Saúde da Criança é ainda mais significativa: 60% das matérias sobre Deficiência tratam do aspecto educacional, enquanto nas de saúde esse índice é de cerca de 20%.

Outros dados da cobertura sobre Deficiências também chamam a atenção: 12% dos textos mencionam o problema do meio ambiente e de infra-estrutura e 7,8% tratam do protagonismo de crianças e adolescentes. Mesmo quando comparamos a cobertura de Deficiências na Infância com o noticiário sobre Pobreza, Desigualdade e Desenvolvimento Humano e Social entre 2001 e 2002, que também foi objeto de uma análise coordenada pela ANDI, percebemos que as matérias sobre Deficiências mencionam mais freqüentemente alguns conceitos de Desenvolvimento Humano do que as reportagens sobre esse tema específico e áreas afins.

Alguns problemas, no entanto, persistem: não se faz praticamente menção às questões de gênero, raça e etnia. Ainda há muito que avançar, é certo, mas a cobertura sobre Deficiências na Infância aponta caminhos possíveis, já encontrados por alguns jornalistas, para uma abordagem editorial mais ampla e plural da realidade brasileira.

**Ainda não existe, entre os especialistas, um consenso sobre o termo "crianças com deficiências". O Unicef, por exemplo, utiliza a expressão "crianças com necessidades especiais".*

A conexão aparentemente óbvia entre a promoção da saúde e as melhorias econômicas e sociais de uma população não aparece com freqüência nas matérias que a mídia brasileira produz sobre Saúde da Criança, registra o estudo coordenado pela ANDI.

Do universo total das matérias sobre Saúde da Criança, apenas 1,6% trataram o tema como um direito social, aponta a pesquisa. Trata-se de um número bastante inexpressivo. A Constituição Federal e o ECA destacam a saúde como um direito da criança. Quando uma criança morre em decorrência de uma diarréia sem que tenha sido atendida por profissionais de saúde, a sociedade e o governo cometeram um crime. A falta de atendimento na saúde é uma violação dos direitos humanos, raramente apresentada como tal pela mídia.

Em 21,2% dos textos sobre Saúde da Criança analisados, há menção à área da Educação. Desse total, 11,4% apresentam a Educação como solução complementar para os problemas do setor da saúde.

A VOZ DA REDAÇÃO

Coordenadora da cobertura local da *Gazeta do Povo*, **do Paraná, a jornalista Marleth Silva já trabalhou em diversas publicações, entre elas o** *Jornal do Brasil* **e a revista** *Veja*. **Nos últimos anos, teve várias experiências em veículos da internet, como os sites** *BOL, UOL* **e** *TudoParaná*.

Poucos textos exploraram a relação entre Desenvolvimento Humano e saúde. Os repórteres e os editores do seu jornal trabalham esse conceito? O conceito de Desenvolvimento Humano não é suficientemente conhecido por nós. O que não significa que nós, jornalistas, e nossas fontes não percebamos a ligação entre os problemas da infância e as condições sócio-econômicas em que vivem os brasileiros. O que falta é sairmos da cobertura pontual de problemas e adotarmos como prática a colocação dessas questões num cenário mais amplo.

A relação entre a promoção de saúde e as melhorias econômicas e sociais surge em um pequeno número de textos analisados pela pesquisa Mídia e Saúde da Criança. Por que o jornalista não faz essa associação? Porque, na maioria das vezes, está cobrindo um caso específico e não percebe que um grande assunto está por trás dele. Ou percebe e não tem condições de desenvolvê-lo. Esse grande assunto pode não ter espaço na edição daquele dia, mas rende uma bela matéria para o dia seguinte, ajudando o jornal a oferecer um raciocínio original ao leitor.

A imprensa praticamente não ouve o Legislativo e o Judiciário nas matérias sobre Saúde da Criança. Por que esses poderes estão ausentes do noticiário? Somos guiados por uma visão limitada do que seja a responsabilidade sobre a saúde. "A responsabilidade é do governo", pensamos. Os legisladores ficam esquecidos. Em relação a outros temas, às vezes, nos lembramos de checar se há propostas de lei em tramitação. Sobre saúde e infância, acho que não lembramos. Quanto ao Judiciário, me parece que a situação é diferente. Como ele não inicia ações, mas apenas reage quando é convocado, nem sempre tem algo a dizer. O Ministério Público é uma fonte relevante e tem sido ouvido com freqüência.

Os jornalistas da Gazeta do Povo *fazem cursos, freqüentam seminários sobre saúde infantil?* Temos trazido convidados para conversar com os jornalistas. Geralmente são profissionais de ONGs ou da universidade. Na maioria dos casos, deixam idéias novas e nos alertam para conceitos que estávamos negligenciando. Os jornalistas gostariam de participar de seminários e congressos, mas o jornal não está em condições, no momento, de financiá-los.

O OUTRO LADO DO BALCÃO

O pediatra e nutrólogo Mauro Fisberg é uma autoridade em alimentação infantil. Ele é chefe do Atendimento e Apoio ao Adolescente do Departamento de Pediatria da Universidade Federal de São Paulo (Unifesp) e coordenador do Centro de Pesquisas Aplicadas à Saúde da Universidade São Marcos, em São Paulo.

Como é sua relação com os jornalistas? Sempre adequada. O profissional de saúde necessita do jornalista e vice-versa para podermos fazer chegar as informações da área e os projetos de pesquisa de forma correta à sociedade. A assessoria de imprensa da Unifesp, por exemplo, é atuante e tem boa vinculação com os meios de comunicação.

Quais são os erros mais freqüentes cometidos pelos jornalistas? O maior equívoco é a falta de preparo do profissional de imprensa. Muitos têm pouco conhecimento do assunto em pauta e geralmente não fazem uma pesquisa sobre o tema antes. Isso muitas vezes se deve à pouca especialização (ou quase nenhuma) do jornalista. Outro aspecto é a ansiedade com o tempo de fechamento de matérias e, muitas vezes, o profissional da saúde não pode atender o repórter imediatamente. Nesse caso, eu sugiro o telefone e o email. O profissional de saúde também não entende que o *timing* é essencial para a imprensa e não utiliza adequadamente o potencial oferecido pelo veículo.

Que tipo de mecanismo deve-se adotar para evitar ruídos de comunicação. É importante se expressar didaticamente? Costumo usar uma linguagem didática. Ela deve ser a mais óbvia possível, sem haver simplificações excessivas. Assim, o jornalista terá um conhecimento adequado para a redação ou para perguntas. A dúvida deve ser sanada sempre e encorajo que a pauta seja discutida anteriormente. Outra medida importante é avisar se o tema é ou não de nossa alçada. Indicar outros profissionais é uma boa dica. O jornalista deve ser claro no objetivo e entender as dificuldades de agenda da fonte.

O que deveria ser feito para melhorar a qualidade dos profissionais que cobrem saúde? Antes de tudo, os jornalistas devem aprender a fazer pesquisa. Em geral, usam de forma inadequada a pesquisa bibliográfica, os índices da internet científica e não há treinamento. Para tentar contornar isso, estou estruturando na Universidade São Marcos um curso de Especialização em Jornalismo e Saúde para profissionais de saúde e para jornalistas, com laboratórios de comunicação, aulas teóricas, visitas a campo, investigação bibliográfica, noções de estatísticas e epidemiologia, alem de *marketing*.

AS METAS DO MILÊNIO

Em 1990, chefes de Estado e de governo do mundo inteiro, reunidos na *Cúpula Mundial pela Infância*, realizada em Nova York, nos Estados Unidos, assinaram a *Declaração Mundial para a Sobrevivência, a Proteção e o Desenvolvimento da Criança*.

A partir daquele ano, países de todo o planeta se comprometeram com um conjunto de metas a serem alcançadas até 2000. A maior parte dos compromissos foi fixada partir dos princípios assinalados na Convenção sobre os Direitos da Criança, ratificada pelo governo brasileiro em 1990, que serviu de base, no Brasil, para a elaboração do Estatuto da Criança e do Adolescente (ECA).

A "prestação de contas" que o governo brasileiro apresentou em 2002, na *Sessão Especial das Nações Unidas sobre a Criança*, em Nova York, é um roteiro permanente de pautas para os jornalistas. Esse mesmo encontro resultou em outro documento importante, intitulado *Um Mundo para as Crianças*. Ele estabelece 21 metas e objetivos específicos para a saúde, a educação e a proteção das crianças, a serem atingidos entre 2001 e 2011. O texto está disponível no site do Unicef (*www.unicef.org.br*).

Confira no quadro ao lado algumas metas estabelecidas em 1990 e o grau de cumprimento do Brasil em relação a elas. Tais comparações ajudam na elaboração de reportagens sobre Saúde da Criança.

METAS ESTABELECIDAS EM 1990 PARA A ÁREA DA SAÚDE DA CRIANÇA	GRAU DE CUMPRIMENTO EM 2000, SEGUNDO O GOVERNO FEDERAL
Redução de um terço da taxa de mortalidade infantil e de menores de 5 anos	Redução de 30,6% para menores de um ano e de 29,5% para menores de cinco anos
Redução de 50% nas taxas de mortalidade materna	Redução de 68,9/100 mil, em 1980, para 58,5/100 mil, em 1998
Diminuição de 50% na taxa de desnutrição grave e moderada entre menores de cinco anos	Não há dados conclusivos
Acesso universal à educação básica e conclusão da educação primária por pelo menos 80% das crianças em idade escolar	Segundo o IBGE, mais de 95% das crianças entre 7 e 14 anos estavam na escola em 2000. Em 1998, 17,1% das crianças que ingressavam na 1ª série conseguiam chegar até a 5ª série
Redução pela metade da taxa de analfabetismo adulto	Esse índice declinou de 20,1% entre a população maior de 15 anos no ano de 1991 para 13,3% em 1999
Acesso de todos os casais a informações e serviços essenciais à prevenção das gestações precoces, tardias, freqüentes ou numerosas	Em 2000, o Ministério da Saúde forneceu métodos contraceptivos a 30% das usuárias do Sistema Único de Saúde (SUS). Em 1996, a metade das gestações do País não foi planejada e 22,3% eram indesejadas, de acordo com a *Pesquisa Nacional por Amostras de Domicílios* (PNAD)

METAS ESTABELECIDAS EM 1990 PARA A ÁREA DA SAÚDE DA CRIANÇA	GRAU DE CUMPRIMENTO EM 2000, SEGUNDO O GOVERNO FEDERAL
Acesso de todas as grávidas a cuidados pré-natais, a atendentes treinados durante o parto, assim como à assistência médica nas gestações de alto risco e emergências obstétricas	Segundo PNAD de 1996, 85,6% dos nascimentos tiveram atenção pré-natal
Redução para menos de 10% na incidência de baixo peso ao nascer	Meta alcançada
Diminuição de um terço da prevalência de anemia ferropriva em mulheres	Não há dados nacionais
Eliminação dos distúrbios causados por deficiência de iodo	Segundo o governo, 95,2% dos domicílios consomem sal iodado
Eliminação da deficiência de vitamina A e suas conseqüências, incluindo a cegueira	Não há informações conclusivas
Ampliar condições para aleitamento exclusivo nos primeiros quatro a seis meses de vida e amamentação com alimentação complementar até os dois anos de idade	A taxa de aleitamento materno até os seis meses de idade passou de 22% em 1975 para 69% em 1999. O País possui a maior rede nacional de bancos de leite humano.*
Acesso universal à água potável	21,2% da população brasileira não consome água tratada
Acesso universal a meios sanitários de eliminação de dejetos	36% dos brasileiros não têm esgotamento sanitário ligado à rede geral ou fossa séptica

**Aqui, cabe também ao jornalista observar o cumprimento de garantias trabalhistas como licença-maternidade, direito a creches e a horários especiais para as mulheres que amamentam.*

METAS ESTABELECIDAS EM 1990 PARA A ÁREA DA SAÚDE DA CRIANÇA	GRAU DE CUMPRIMENTO EM 2000, SEGUNDO O GOVERNO FEDERAL
Institucionalizar a promoção do crescimento e seu acompanhamento regular	Cerca de 80% das crianças brasileiras possuem cartão de acompanhamento de crescimento e desenvolvimento
Erradicação da poliomielite	Meta alcançada
Eliminação do tétano neonatal até 1995	Segundo a PNAD de 1996, 67,4% das mães de crianças menores de cinco anos haviam tomado a vacina antitetânica
Redução de 50% dos óbitos causados por sarampo e de 90% do número de casos da doença	Meta alcançada
Preservação de alto nível de cobertura imunológica contra difteria, coqueluche, tétano, sarampo, pólio, tuberculose	Meta alcançada
Redução de 50% das mortes decorrentes de diarréias em crianças menores de cinco anos e de 25% da incidência de diarréia	Meta alcançada na redução de mortalidade e sem informações sobre incidência
Diminuição de um terço das mortes produzidas por infecções respiratórias agudas em crianças menores de cinco anos	A informação disponível é sobre a redução de 32,2% para menores de um ano
Eliminação das doenças causadas por vermes	Não há dados oficiais
Expansão das atividades de desenvolvimento da primeira infância, incluindo intervenções baseadas na comunidade e para famílias de baixa renda	A taxa de inclusão na pré-escola subiu de 41,2% em 1991 para 51,2% em 1999. O percentual de crianças matriculadas em creches, em 2000, era de 13,8%

Caminhos para Aprimorar a Cobertura

RECOMENDAÇÕES PARA JORNALISTAS

- É importante conhecer os indicadores de Saúde da Criança. E, sempre que for possível, fazer investigações sobre a realidade regional, estadual ou municipal. Essa ação é fundamental porque estimula o debate sobre as possíveis soluções para o problema em nível local.

- A Secretaria de Desenvolvimento Urbano da Presidência da República (SEDU) oferece em seu site *(www.presidencia.gov.br/sedu)* uma compilação de todos os indicadores sociais e econômicos existentes no País, divididos por municípios, na qual é possível uma busca direcionada sobre qualquer tema, inclusive saúde da criança e desenvolvimento infantil.

- O Unicef organizou extensa quantidade de informações sobre a infância nos municípios brasileiros, permitindo um rápido confronto entre diferentes realidades regionais. A instituição também pode ser excelente fonte para a comparação das estatísticas nacionais com indicadores internacionais.

- Uma matéria ganha em qualidade quando ela sugere propostas para solucionar determinado problema. Nesse caso, é essencial indicar os responsáveis por essas respostas, citar exemplos de como a questão foi resolvida em outras comunidades, mencionar recomendações de instituições de credibilidade como o Fundo das Nações Unidas para a Infância (Unicef), a Organização Pan-Americana de Saúde (Opas) e a Organização Mundial de Saúde (OMS). A Sociedade Brasileira de Pediatria, por representar toda a classe pediátrica do País, e suas filiadas nos estados são fontes permanentes quando o assunto é a Saúde da Criança. Também devem ser ouvidos os Conselhos Nacional, Estadual e Municipal de Saúde e de Direitos da Criança, por serem as instâncias responsáveis pela definição das políticas públicas relacionadas à infância.

SUGESTÕES DE PAUTA

- Saúde e Desenvolvimento Infantil: existem fortes argumentos de ordem biológica, social, econômica e política que justificam um maior investimento em programas de promoção de cuidados e do desenvolvimento na primeira infância. Ao mergulhar sobre esta temática, o jornalista descobrirá um vasto campo de pautas, que incluem as discussões sobre a valorização dos processos interativos com adultos e outras crianças, espaços adequados para brincadeiras, acesso a atividades e brinquedos, qualidade e oferta de creches e pré-escolas, além de aspectos como alimentação, questões psicológicas e sociais e ambiente familiar. Segundo os especialistas, os pais são personagens centrais para que esse processo aconteça de forma plena (*mais informações a respeito desse tema podem ser encontradas no livro* Cidadania Antes dos 7 Anos, *sobre educação infantil, que também integra a série* Mídia e Mobilização Social).

- Várias doenças sérias podem ser evitadas ou controladas no começo da vida com a realização de exames simples que dependem principalmente de vontade política. Entre esses procedimentos estão o Teste do Pezinho (capaz de detectar males como a fenilcetonúria, que leva o organismo a não processar uma substância presente em uma série de alimentos) e o Teste da Orelhinha (que revela se os recém-nascidos têm algum problema auditivo). Ao contrário do primeiro, o segundo exame continua sendo realizado em poucas maternidades brasileiras.

- Os primeiros anos de vida devem ser acompanhados para garantir a detecção precoce de qualquer sinal de perigo ao desenvolvimento da criança. Nesse sentido, alguns temas podem ser interessantes: relação entre peso e idade, acesso das famílias aos especialistas, controle do Cartão da Criança – instrumento que permite aos médicos acompanhar o desenvolvimento infantil –, além de investigações sobre a eficácia e a abrangência de iniciativas como o *Programa de Agentes Comunitários e de Saúde da Família.*

- Entre os problemas que mais têm preocupado os especialistas, estão os chamados distúrbios de atenção, como a hiperatividade. Ela afeta entre 3% e 5% das crianças e já é considerada, nos Estados Unidos, uma questão de saúde pública. Vale a pena investir em matérias sobre o assunto, abordando a importância do papel da família e da escola para garantir que essas crianças tenham um desenvolvimento pleno e não sejam discriminadas. Também é fundamental investigar formas de tratamento, que nem sempre passam por remédios, e procurar informações sobre os novos estudos nessa área.

- Anúncio de outras medidas: aqui entram, por exemplo, as portarias e as resoluções relacionadas à Saúde da Criança. Não somente dos órgãos governamentais, mas também dos Conselhos de Saúde e de Direitos da Criança e do Adolescente. Essas ocasiões são um bom gancho para aprofundar os conceitos e as questões relativas ao Desenvolvimento Humano e sua interface com a Saúde da Criança.

④

Comportamento Editorial

Os temas associados ao universo da Saúde da Criança ainda não ocupam espaço nobre nos meios de comunicação brasileiros

Existem inúmeras maneiras de aferir a qualidade do noticiário sobre determinado tema e a relevância que esse assunto tem nos veículos de comunicação. Uma dessas formas é, sem dúvida, o número de matérias assinadas. A assinatura em um texto demonstra a maior importância do problema tratado e valoriza o profissional que trabalha com aquela temática. Além disso, as reportagens autorais exigem um maior grau de comprometimento do jornalista, na medida em que ele passa a responder publicamente pelas informações veiculadas.

Um critério recorrente nas redações dos jornais brasileiros é o de apenas serem assinadas matérias exclusivas, seja pela informação única, seja pela ótica diferenciada trabalhada pelo profissional. Assim, o grande número de textos sem identificação também pode sinalizar uma menor qualidade do material produzido e, conseqüentemente, a necessidade de melhorá-lo. A pesquisa coordenada pela ANDI sobre o noticiário de Saúde da Criança em 2001 detectou que é alto o índice de reportagens sem donos.

Como a maioria das matérias analisadas não é assinada, fica evidente a necessidade de as empresas de comunicação reconhecerem a real relevância do tema Saúde da Criança e do jornalista que é responsável por sua cobertura. A dificuldade dos veículos de comunicação em perceber o caráter estratégico desse assunto para a pauta da infância e para a própria agenda social do País é também evidenciada pelo reduzido número de artigos e editoriais dedicados à Saúde da Criança. O problema se repete em relação às entrevistas – outro instrumento valioso para aprofundar com mais liberdade a discussão sobre determinado tema.

A presença de reportagens capazes de ultrapassar a fronteira do mero relato dos fatos é um dos indicadores de uma cobertura jornalística de qualidade. Isso significa agregar aos textos avaliações e propostas para o problema que está sendo levantado. Quando o noticiário carece desse tipo de texto, pode ser um sinal de que também há carência de profissionais especializados no tema para conduzir a cobertura. Sem informações de fundo, os repórteres se tornam mais facilmente reféns exclusivos da ótica que a fonte da informação tem sobre o assunto.

Diversidade de idéias

A pluralidade de opiniões é outra condição básica para a construção de um texto jornalístico consistente. A pesquisa sobre Saúde da Criança mostra, no entanto, que em 58% dos 993 textos avaliados os repórteres ouviram apenas uma fonte. Mais revelador é o padrão da notícia que menciona mais de uma fonte informativa. Em 93% desses textos os atores citados têm as mesmas opiniões sobre o tema, comprometendo a qualidade da informação.

Isso demonstra um trabalho de apuração pobre por parte do repórter que, em geral, quando ouve uma segunda fonte, o faz por indicação da primeira ou inclui depoimentos de diferentes pessoas que, na verdade, têm origens semelhantes na formação profissional ou no foco de trabalho. Também sugere que as entrevistas são utilizadas para confirmar uma tese prévia levantada na redação e não para investigar as diferentes possibilidades envolvidas num mesmo problema. A falta de espaço para divergências aponta uma cobertura deficiente, para qual é dedicada pouco tempo, e sem uma abordagem crítica.

O noticiário sobre Saúde da Criança é principalmente factual (57,6%). Mas um bom índice de matérias contextualiza algum tipo de questão de saúde (29,3%). Faltam, porém, avaliações e propostas. Somente 3% das matérias têm caráter propositivo, enquanto 2,5% são avaliativas.

Em 54% dos textos sobre Saúde da Criança, não foi possível identificar o autor. Esse percentual sugere que o índice de matérias provenientes de agências de notícias deve ser muito maior que os 3,4% claramente identificados pelos jornais no conjunto de 993 reportagens que os consultores da pesquisa analisaram.

O índice de artigos assinados, entre os 993 textos analisados na pesquisa *Mídia e Saúde da Criança*, é de apenas 0,6% e o de editoriais corresponde a 0,9%. No mesmo período (2001), o número de artigos sobre temas relacionados à infância em geral, veiculados nos 49 jornais acompanhados pela ANDI, foi de 3,37%. Já o de editoriais ficou em 1,27%.

PREVENÇÃO, SOLUÇÕES, CAUSAS E SERVIÇOS

O estudo coordenado pela ANDI detectou que, de maneira geral, a cobertura da mídia sobre Saúde da Criança não focaliza fatores de risco para doenças. Questões de prevenção, promoção e proteção só são abordadas em 41,55% dos textos em que era possível fazer esse tipo de análise. Cuidados básicos com crianças foram o tema principal de apenas 1% das matérias; a alimentação, de 2%. O câncer infantil, em comparação, responde por 1,5%. A proximidade desses números evidencia o pouco espaço nos jornais para matérias relacionadas à promoção da saúde. A tendência é comprovada pelo baixo percentual de reportagens com a ótica do serviço. Somente 16,41% do material incluem dicas para os leitores de como se aprofundar no tema ou a que serviços recorrer, embora 79,8% dos textos pudessem comportar esse tipo de informação.

De modo geral, as causas para um problema eventualmente abordado pela reportagem são pouco exploradas. Em 64,5% dos textos avaliados era viável apresentar as causas da questão levantada. Mas apenas 43,93% deles fizeram isso.

O jornalista tampouco apura as possíveis soluções para a questão. Apenas 26,5% do material foi classificado como tendo o caráter de investigação de alternativas. Há vários caminhos para essa abordagem, entre eles buscar experiências bem sucedidas em outros locais do País ou mencionar as recomendações de organismos internacionais. Não faltam fontes capazes de fazer uma reflexão sobre as saídas para contornar determinado problema relativo à Saúde da Criança. Entre esses atores estão entidades como a Sociedade Brasileira de Pediatria e suas filiadas nos estados e os Conselhos Nacional, Estadual e Municipal de Saúde – responsáveis pela definição das políticas públicas relacionadas ao bem-estar da criança. A investigação de soluções se aplica não apenas ao universo do Poder Público, mas também para às ações da sociedade civil e das famílias.

Essa busca por alternativas passa, muitas vezes, por contextualizar uma questão de saúde com a realidade local do leitor. É essencial que a matéria apresente, além do caráter nacional do tema, sua manifestação na esfera regional. As diferenças regionais do País fazem com que um mesmo índice de saúde escamoteie situações distintas.

Um exemplo é o percentual de crianças menores de cinco anos que estão abaixo do peso. O índice nacional era de 5,7% no ano de 1996, o que corresponde a um milhão de crianças desnutridas. Por trás dessa estatística escondem-se médias muito variadas: 8,3% no Nordeste e 3,9% no Centro-Sul. A evolução desses números entre 1989 e 1996 alerta para um outro prisma. Enquanto no Nordeste, embora permaneça alto, o índice tenha caído 35% entre esses anos, no Centro Sul, ele subiu 5,4%.

RESPONSÁVEIS PELA MATÉRIA, SEGUNDO A PESQUISA *MÍDIA E SAÚDE DA CRIANÇA*

Não foi possível identificar	54%
Repórter	36,3%
Agências de notícias	3,4%
Sucursais	2,5%
Da reportagem local	1,7%
A Redação	1,1%
Outro	1%

HÁ MAIS DE UMA FONTE CITADA

Sim	41,4%
Não	58,6%

HÁ OPINIÕES DIVERGENTES

Sim	7%
Não	93%

CONTEXTUALIZAÇÃO E SERVIÇOS*

	Causas	Soluções	Prevenção	Serviços
Sim	43,93%	40,97%	41,55%	16,41%
Não	56,07%	59,03%	58,45%	83,59%

PERSPECTIVA DO TEXTO

Factual	57,6%
Contextual	29,3%
Descritiva	7,3%
Propositiva	3,3%
Avaliativa	2,5%

OPINIÃO

Artigos assinados	0,6%
Editoriais	0,9%
Colunas	0,2%
Total	**1,7%**

ENTREVISTAS

Gestores de saúde	0,1%
Outros	0,2%
Total	**0,3%**

**Estes percentuais se referem às reportagens em que se poderiam explorar os quatro aspectos relacionados. Em 64,5% das 993 matérias analisadas pelos consultores reunidos pela ANDI, era possível falar sobre causas. Em 64,7%, falar sobre soluções. Em 74%, abordar prevenção e em 79,8% era possível falar de serviços.*

Recomendações para as Fontes de Informação

A qualidade da cobertura jornalística sobre determinado tema não é uma responsabilidade só dos profissionais de imprensa. As fontes cumprem um papel fundamental nesse processo. Elas devem ter consciência de que a informação é um bem público, que precisa ser compartilhado com a sociedade. A seguir, algumas orientações para que esses atores possam melhor desempenhar sua missão.

- Contar com uma assessoria de imprensa não é mais um luxo. É atualmente uma ferramenta importantíssima para qualquer entidade, seja ela governamental ou não governamental. Ter esse tipo de estrutura, mesmo que seja mínima, pode melhorar a qualidade da comunicação com os jornalistas e, conseqüentemente, com a população, que ficará mais bem informada e mais habilitada para influenciar nos rumos das políticas públicas na área da saúde infantil.

- Organizações governamentais e não-governamentais podem e devem estabelecer parcerias com os veículos de comunicação e com as faculdades de jornalismo, estimulando discussões sobre temas ligados à Saúde da Criança por meio da realização de cursos específicos de curta ou média duração, palestras, seminários e grupos de debates. É importante sensibilizar as empresas e as universidades a investir nessa especialização, tornando viável a participação dos profissionais de comunicação e dos estudantes nesses eventos de qualificação.

- As entidades devem organizar um banco de dados de referência sobre a área com a qual trabalham. Nesse banco de dados, é essencial ter, por exemplo, informações sobre legislação e clipping das principais matérias publicadas na imprensa sobre aquele assunto, além de artigos, resumos de estudos e pesquisas, textos acadêmicos e não acadêmicos e obras importantes da área. Assim, a fonte terá, sempre em mãos, um *kit* de informações que vai ajudá-la na hora de conversar com os jornalistas.

- As instituições devem indicar bons sites e bancos de dados de outras organizações. Esses instrumentos permitem que os jornalistas façam consultas rapidamente e possam comparar estatísticas oficiais com números das mais variadas fontes de informação.

- É fundamental que as fontes procurem conhecer e compreender o cotidiano dos veículos de comunicação de massa. Ao entender a lógica de funcionamento das redações, ficará bem mais fácil o diálogo com os jornalistas. Por exemplo: não é produtivo tentar passar notícias para os repórteres perto da hora de fechamento da edição. Da mesma forma, não adianta buscar a redação com muita antecedência.

- Quando existe a necessidade de divulgar iniciativas para alcançar um maior número de pessoas, o ideal é preparar pautas específicas para as televisões e as rádios, além de mandar um material mais diferenciado para jornais e revistas.

- É importante praticar a política da boa vizinhança com a mídia. Dar telefonemas ou mandar cartas aos jornalistas quando eles publicam matérias de boa qualidade é uma ótima estratégia para estreitar o relacionamento com a redação. As críticas também devem ser feitas, mas com um tom ponderado, apresentando argumentos e indicando caminhos para o repórter melhorar o enfoque em outras oportunidades.

- As fontes só devem conceder entrevistas quando se sentirem seguras e preparadas para isso. Não há problema em dizer para o jornalista que não domina aquele assunto específico e se colocar à disposição para esclarecer dúvidas sobre outros temas posteriormente. Nesses casos, é importante indicar outras fontes para dar entrevistas sobre a temática em questão.

- Ao conceder entrevistas, os especialistas devem falar em uma linguagem didática e clara, tentando traduzir os termos mais técnicos. Isso facilita o diálogo com o jornalista e reduz a possibilidade de que a reportagem seja publicada com erros.

- Ao dar entrevistas sobre políticas públicas, as fontes devem enfatizar diversas questões: quem são os responsáveis pelas ações, quem pode fiscalizar e quais são os prazos de execução dos projetos, além de deixar claro de onde vem a verba.

- Organizações governamentais e não-governamentais devem, quando possível, produzir *releases* diferenciados para cada veículo – regional ou nacional – fornecendo um panorama geral e algumas dicas úteis sobre determinado assunto, além de indicações de especialistas a serem ouvidos. Assim, o jornalista já sai em campo com as informações básicas e dedica seu tempo para trabalhar bem a matéria.

- O especialista não deve nutrir a expectativa de ver estampada no jornal a íntegra da entrevista que concedeu ao jornalista. É essencial entender que existem limitações de espaço na mídia e que os textos jornalísticos não têm a profundidade do material científico.

- Não é bom pedir para ler a reportagem antes de ela ser publicada. Se o especialista tem receio de que a informação saia errada, o melhor caminho é tentar esclarecer todas as dúvidas do repórter durante a conversa e até mesmo depois da entrevista.

⑤

A Percepção da Sociedade

As principais conclusões extraídas de uma série de grupos focais e entrevistas com moradores da cidade de São Paulo sobre Mídia e Saúde da Criança

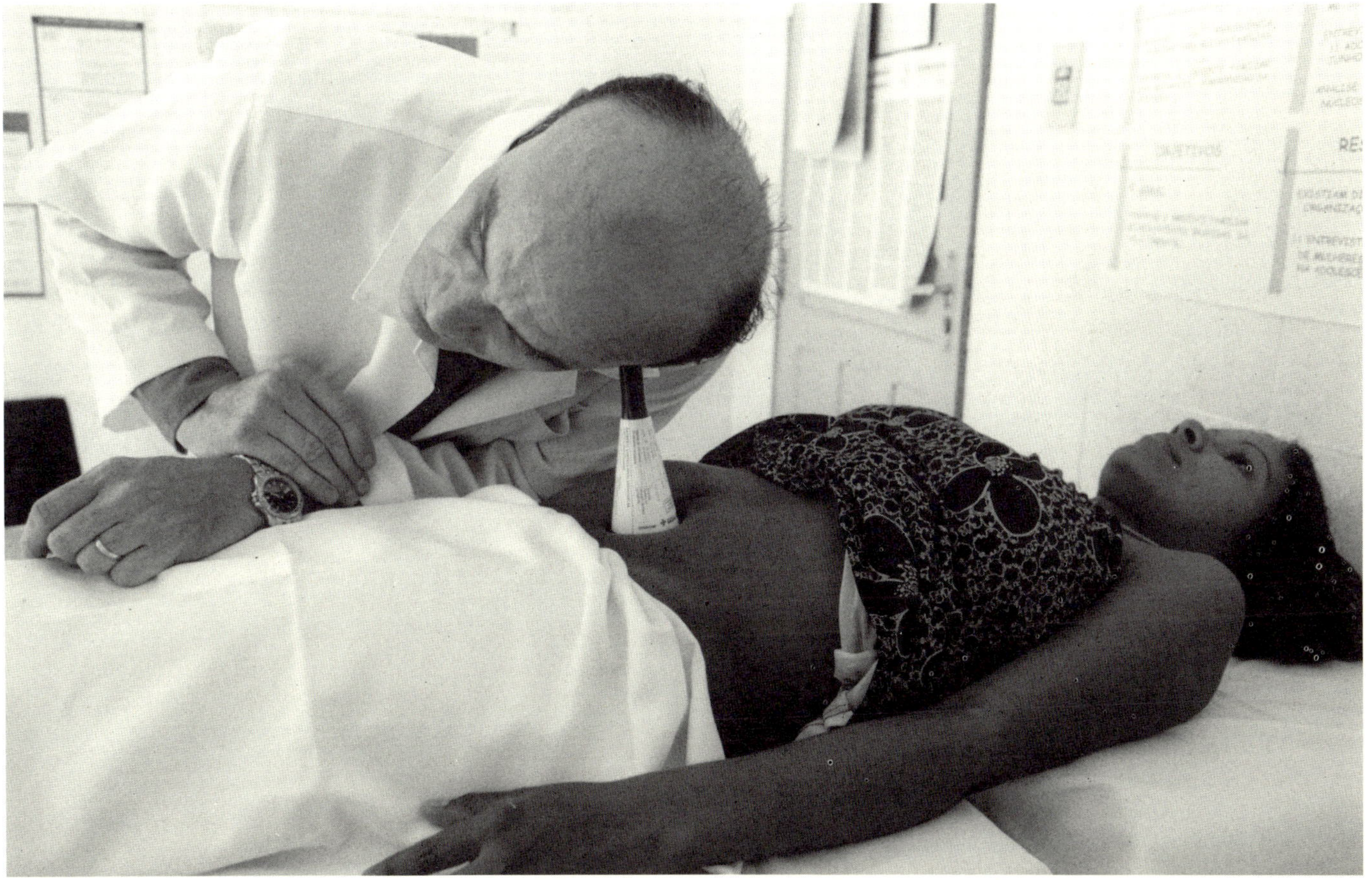

Perceber como as pessoas se manifestam em equipe, como mudam de opinião a partir da opinião de outros e como influenciam ou não os demais colegas. Esta é uma das principais missões dos grupos focais. Realizar reuniões desse tipo significa também ter a oportunidade de aprender como as pessoas refletem temas relevantes da atualidade quando estão em equipe — o que, na verdade, é como elas efetivamente pensam sobre tais assuntos no seu cotidiano: em conversas no trabalho, em rodas de amigos, na igreja, no botequim, na família.

Na tentativa de detectar como a sociedade enxerga a cobertura da imprensa brasileira sobre Saúde da Criança e em que proporção a mídia condiciona, positiva ou negativamente, a forma de pensar das pessoas sobre esse tema, a ANDI organizou uma série de grupos focais e de entrevistas individuais com moradores da cidade de São Paulo*. Os encontros aconteceram durante os meses de maio e junho de 2002**.

Na pesquisa coordenada pela ANDI, foram realizados, ao todo, seis grupos focais: dois com indivíduos de alta renda, dois com integrantes de baixa renda e dois com pessoas ligadas às políticas públicas na área da saúde da infância. Esse processo contou com 51 participantes.

Nas equipes, os integrantes respondiam de início a um questionário sócio-econômico e a perguntas gerais sobre mídia e saúde. Cumprida esta etapa, o moderador colocava questões específicas, sempre seguidas da leitura individual de matérias publicadas em diferentes jornais, com enfoques distintos – algumas tinham uma abordagem mais positiva sobre a situação brasileira e outras apresentavam um tom mais crítico.

De acordo com o especialista David L. Morgan***, tais dinâmicas "são basicamente entrevistas em grupo, embora não no sentido de uma alternância entre as perguntas do pesquisador e as respostas dos participantes. Ao contrário, o ponto central é a integração dentro do grupo, baseada nos tópicos que são propostos pelo pesquisador, o qual assume um papel de moderador. A característica definidora é, portanto, o seu uso explícito da interação em grupo para produzir informações e insights que seriam menos acessíveis sem esta interação". O procedimento ideal para a utilização desta metodologia é a realização, em série, de encontros com um número de participantes que varie entre seis e dez ****.

*O formato dos experimentos está fundamentado no proposto por Porto, Mauro – Media framing and citizen competence: television and audicences interpretations of politics in Brazil. San Diego: University of Califórnia, PhD Dissertation. 2001.

**A ANDI agradece aos 51 integrantes dos seis grupos focais realizados assim como aos 35 participantes das entrevistas individuais. As reuniões não poderiam ter sido realizadas sem a colaboração do Projeto Aprendiz e da Secretaria Municipal de Saúde de Monte Sião/MG, instituições que cederam o espaço para a realização dos eventos, e de José Tadeu Barbosa, que foi fundamental na preleção dos participantes dos dois grupos de baixa renda.

***Morgan, David L. – Focus groups as qualitative research. 2nd ed. Thousand Oaks: Sage Publications, Inc. 1997, p.2.

****Para uma detalhada definição da metodologia Cf. Krueger, Richard A. – A pratical guide for applied research. 2nd ed. Thousand Oaks: Sage Publications, Inc, 1994. Cf.tb. Merton, Robert and Kendall, Patrícia – "The focuses interview", in: Lazarsfeld, Paul e Rosemberg, Morris (eds), The language of social research. Glencoe: The Free Press, 1962, pp. 476-489.

EXEMPLOS DE REPORTAGENS QUE FORAM MOSTRADAS AOS GRUPOS

Matéria 1: Avanços na Saúde*
Jornal: O Estado de S. Paulo – 08/01/2001
Cidade: São Paulo/SP

Cerca de 66 milhões de brasileiros já recebem em suas casas as visitas dos agentes comunitários de saúde. A mortalidade infantil tem sido drasticamente reduzida onde atuam esses profissionais. Nos últimos dez anos, a mortalidade infantil no Brasil caiu 27%. Em 1990, morriam 48,3 bebês para cada 1000 nascidos vivos. Neste ano, o IBGE estimou que o índice de mortalidade ficará em 35 para cada 1000 nascimentos. O índice de mortalidade infantil costuma ser considerado o melhor indicador da qualidade de vida de uma população. A tarefa de educar, prevenir e tratar foi a que mais efetivamente evoluiu na saúde pública brasileira, nos últimos anos. O agente comunitário leva informação e educação sanitária às populações carentes alterando para melhor todos os indicadores de saúde. A equipe do Programa de Saúde da Família, formada por médico e enfermeiro, complementa a ação do agente comunitário, atendendo o doente em sua própria casa. A área mais problemática na Saúde continua a ser a dos remédios. Ainda há muito por fazer, mas o caminho está indicado. Deve-se seguir expandindo a produção dos genéricos. É a forma mais garantida de fazer os preços dos medicamentos baixarem.

Matéria 2: Carências na Saúde*
Jornal: Gazeta de Alagoas – 07/02/2001
Cidade: Maceió/AL

No relatório sobre a Situação da Infância Brasileira 2001, lançado em dezembro pelo Unicef, a maioria dos municípios brasileiros (805) obteve pontuação abaixo de 0,6 numa escala de 0 a 1. Na mesma ocasião, a representante do Unicef no Brasil, Reiko Niimi, lamentava que 32% das mulheres nas áreas rurais não se submetam a nenhuma consulta médica durante a gestação. E declarava, ainda, referindo-se ao Brasil: "Não há uma política pública específica e falta apoio às famílias." Por sua vez, o presidente da Sociedade Brasileira de Pediatria, Lincoln Freire, dizia que metade das mortes no primeiro ano de vida ocorre na primeira semana em decorrência da má qualidade do atendimento pré-natal e do parto. Está mais do que provado que esses e outros problemas são conseqüências do crescimento da exclusão social e dos cortes promovidos nos investimentos que deveriam ser destinados a melhoria das condições de vida de milhões de brasileiros. Consta de um levantamento do Conselho Federal de Medicina (CFM) que o País tem um médico para cada 1.720 habitantes. Mas cerca de mil municípios têm menos médicos do que deveriam, 1200 não têm médicos residentes e outros 500 não dispõem de nenhum tipo de atendimento.

*Estes são resumos dos pontos relevantes das matérias homônimas publicadas na referidas datas. Foram escolhidas passagens que realçassem contrastes para o teste empírico da pesquisa.

Como foram realizadas as entrevistas individuais

Embora os grupos focais permitam avaliar como as pessoas refletem sobre temas importantes da atualidade quando estão em equipe, são vulneráveis à possibilidade de que algumas pessoas dominem a discussão e a conduzam para uma única direção, impedindo a adequada expressão dos demais participantes. Para minimizar tais problemas, a ANDI organizou também 35 entrevistas individuais na cidade de São Paulo.

Foram criados três tipos diferentes de entrevistas. O primeiro conjunto de entrevistados, formado por 13 pessoas, leu um bloco de reportagens consideradas completas e positivas sobre Saúde da Criança. O segundo teve acesso a matérias negativas e/ou incompletas sobre esse tema. E o terceiro leu somente um texto que não tinha relação nenhuma com aqueles apresentados para as outras equipes. Portanto, este era o grupo controle. Com essa dinâmica, foi possível verificar se a imprensa condiciona a maneira como as pessoas entendem a realidade.

GRUPOS DE ALTA RENDA

Essa equipe era formada por pessoas de poder aquisitivo elevado, com alto grau de escolaridade, que assistem a programas noticiosos na tevê quase diariamente, ouvem rádio com freqüência, lêem jornais e revistas – sendo estas últimas os veículos menos usados por elas para obter informações. Uma parcela significativa desses indivíduos nunca usou o sistema público de saúde. A imensa maioria utiliza o setor privado e, nesse universo, 71% das pessoas consideram que foram bem atendidas quando tiveram que recorrer a esses serviços. Quando perguntados, individualmente, sobre a avaliação que faziam da saúde no Brasil, 71% dos participantes responderam que a consideravam "péssima".

Ao analisar o papel da mídia na cobertura de políticas públicas, os integrantes do grupo foram praticamente unânimes em afirmar que a imprensa se sai muito bem quando se trata de fazer denúncias, mas tem uma atuação fraca na avaliação e na busca de soluções para os problemas apresentados. Para um participante, a mídia "fala muito, mas age pouco". No entender de outro, "a imprensa está cumprindo bem o papel dela de denunciar, mostrar, escancarar as mazelas da saúde, que são uma vergonha nacional". Em seguida, um colega complementa: "contudo, ela não mostra quando essas coisas (as mazelas) são sanadas".

Mudança de opinião

É curioso notar que, após a leitura de uma reportagem sobre os avanços da saúde infantil no Brasil, ocorreu uma divisão entre as pessoas que antes apedrejavam, em coro, o sistema público. Enquanto algumas afirmaram que a matéria mais parecia uma nota oficial e que a situação estava "ruim, bem ruim", outras amenizaram os tons das críticas. "Eu acho que é regular, que têm coisas sendo feitas, poucas. O Brasil precisa de mais", avaliou um dos participantes. "A saúde apresentou avanços, sim, mas ainda há muito que arrumar", afirmou outro integrante.

Ao apresentar outra matéria, que apontava problemas na saúde, mais uma mudança nas convicções dos participantes. Um deles, que apontou o *Programa de Saúde da Família* (PSF), citado na primeira reportagem, como um sinal de avanço na área, ao ler o segundo texto completou: "Parece que estão tentando melhorar com esse tal de PSF, mas ainda assim esse negócio todo está concentrado na faixa do litoral brasileiro, nos grandes centros". Outros integrantes, de forma mais perspicaz, acabaram por perceber a confusão que essas abordagens distintas geram. "A gente imagina o leitor lendo essa primeira notícia (de *O Estado de S. Paulo*) e a segunda (da *Gazeta de Alagoas*). São dois países diferentes, não é? Fica difícil saber em quem ele vai acreditar", comentou um participante.

A culpa é de quem?

Nas discussões sobre quem são os culpados e os responsáveis pelos problemas de saúde no Brasil, muitas pessoas também apresentaram um discurso contraditório. Para alguns, o culpado pelas mazelas é sempre o governo. Já o responsável pelas melhorias é a sociedade. "O principal culpado pelos problemas é, com certeza, o Fernando Henrique Cardoso. Pelos avanços, acho que é a atitude da comunidade – como nos casos em que uma associação de moradores se reúne, aqui e ali, e vai lá encher o saco do prefeito para trazer uma casa de saúde", opinou um integrante.

Após um dos participantes ter reforçado que a comunidade é a responsável pelos avanços na saúde, outro integrante do grupo, que até pensava "que há um esforço dos governos municipal, estadual e federal", mudou de idéia. "Eu acho que a comunidade sim é que está se mobilizando mais para resolver seus próprios problemas".

Nos debates sobre prevenção, não houve discordâncias. Todos defenderam que a imprensa tem um papel fundamental nesse campo. No entanto, disseram que a mídia não faz isso com a freqüência necessária. Esta percepção é confirmada pelos dados da pesquisa coordenada pela ANDI: cerca de 60% das matérias sobre Saúde da Criança que poderiam falar em prevenção não seguiram essa abordagem.

Conectado a essa discussão, está o debate sobre a importância de se aliar saúde e educação. Nova unanimidade. "A gente não pode tratar saúde, saneamento básico e educação separados", disse um dos participantes. Entretanto, essa ainda não é uma visão óbvia para os meios de comunicação. De acordo com pesquisa a *Mídia e Saúde da Criança*, somente 3,5% das matérias analisadas associam saúde a saneamento e cerca de 12% Saúde e Educação.

PERFIL DEMOGRÁFICO E SÓCIO-ECONÔMICO DOS PARTICIPANTES

Quesito demográfico/sócio-econômico	Grupo Focal Alta Renda 14 pessoas	Grupo Focal Baixa Renda 16 pessoas	Grupo Focal Políticas Públicas 21 pessoas	Entrevistas Individuais 35 pessoas	Total * 86 pessoas	Dados para a População do Município de São Paulo**
Sexo						
Masculino	57,1%	50%	28,6%	51,4%	46,5%	52,34%
Feminino	42,9%	50%	71,4%	48,6%	53,5%	47,66%
Faixa Etária***						
18-19	14,3%	12,5%	–	5,7%	7%	–
20-29	28,6%	25,1%	19%	31,4%	26,7%	28,76%
30-39	14,3%	18,8%	23,8%	25,7%	22,1%	24,82%
40-49	21,4%	25%	33,3%	20%	24,4%	19,74%
50-59	14,3%	6,3%	19%	8,6%	11,6%	12,49%
60 ou mais	7,1%	12,5%	4,8%	8,6%	8,1%	14,2%
Renda Individual						
Menos de 5 salários mínimos	28,6%	100%	19%	88,6%	64%	75,8%
De 5 a 10 salários mínimos	64,3%	–	52,4%	8,6%	26,7%	13,9%
Mais de 10 salários mínimos	7,1%	–	28,6%	2,9%	9,3%	10,2%
Escolaridade						
Fundamental Incompleto	–	31,3%	4,8%	57,1%	30,2%	49,4%
Fundamental Completo	–	–	–	8,6%	3,5%	10,7%
Médio Incompleto	7,1%	25%	9,5%	8,6%	11,6%	7,6%
Médio completo	14,3%	37,5%	–	8,6%	12,8%	16,7%
Superior	78,6%	6,3%	85,7%	17,2%	41,9%	15,5%

* As discrepâncias apresentadas na coluna "Total" se devem ao fato de que temos quatro grupos de alta renda (os dois com pessoas nessa faixa de renda e os dois de políticas públicas, nos quais a maioria dos participantes era de alta renda).

** Fonte: Fundação Seade (*www.seade.gov.br*). Para sexo e idade foram utilizados dados da pesquisa demográfica para o município de São Paulo, 2000. Para renda individual e escolaridade foram utilizados os dados da *Pesquisa de Condição de Vida*, 1998.

*** Sobre os dados da Fundação Seade relativos à faixa etária, os 100% se referem ao somatório das pessoas de 20 anos ou mais e não ao total da população paulistana. Os dados da Fundação apresentam ainda a faixa de 15 a 19, por isso não foi possível aferir o percentual de pessoas de 18 a 19. Como se desejava obter essa informação, foi feita uma estimativa com dados do IBGE para sortear a amostra.

GRUPOS DE BAIXA RENDA

Essa equipe era integrada por pessoas que se informam fortemente pela televisão e utilizam, muito pouco, veículos como jornais e revistas. Uma surpresa foi a constatação de que usavam menos o rádio do que os participantes do grupo de alta renda. Entre essas pessoas, 56,3% afirmaram que tiveram um atendimento ruim no sistema público de saúde e 43,8% jamais utilizaram o setor privado. Para 68,8%, a saúde no Brasil está péssima – número um pouco menor que o da equipe de poder aquisitivo mais elevado. No decorrer das discussões, porém, verificou-se que a maior parte dos participantes havia passado ou estava passando por más experiências na rede pública. "Fiquei com suspeita de dengue. Fui me arrastando para o posto de saúde e ao chegar lá me disseram: 'rapaz, você me desculpe, mas volta outro dia', foi o depoimento de um dos integrantes.

Na opinião de todo o grupo, a mídia é fundamental na divulgação das políticas públicas. "Se não fosse pela imprensa, muita gente não saberia de nada", disse um participante. No entanto, de acordo com essas pessoas, os meios de comunicação têm uma predileção pelos fatos que dão audiência. "Só mostra o que não presta", afirmou um dos membros. "Chega o jornal e sai sangue, de tanta violência que tem", imediatamente endossou outro.

Ao lerem a primeira matéria selecionada – aquela com um viés positivo – e serem incitados a avaliar a situação da saúde brasileira, muitos, mesmo diante do discurso otimista da reportagem, refletiram em suas opiniões os problemas pelos quais passaram ou estavam passando. "Para mim, está péssima. Porque você procura um médico, por exemplo, e não acha", disse um participante. Mas com a leitura da segunda matéria – que tinha um conteúdo mais crítico – surgiu um sentimento semelhante ao do grupo de alta renda: a confusão. "O pessoal ouve e fica um pouco confuso. Não sabe em quem acreditar", afirmou um dos integrantes. "A nós, brasileiros, não está interessando. As duas (matérias) estão mentindo", criticou outro.

Saúde e trabalho

Questões interessantes surgiram durante os discursos que buscavam justificar os argumentos acima – aspectos que não haviam sido expostos nas discussões dos grupos de alto poder aquisitivo. Problemas de infra-estrutura, de renda e de assistência básica foram levantados pelos participantes como fundamentais: "Eu posso chegar na casa da família, como agente de saúde, e falar: 'tem que dar banho nessa criança, não pode deixar no chão frio'. Mas e se o problema da criança é desnutrição, é falta de alimento e o pai está desempregado?", questionou um participante. "A primeira prioridade precisa ser o emprego para as pessoas", completou outro. "A verdade de tudo isso é que precisa melhorar o bolso do pobre." É importante lembrar que essa associação entre saúde e questões de desenvolvimento econômico, tais como salário e renda, praticamente não é trabalhada pela imprensa brasileira. O estudo coordenado pela ANDI revelou que apenas 4,5% das matérias fizeram essa relação.

Quanto à prevenção, as opiniões foram semelhantes às do grupo de alta renda. Ela é muito relevante, mas, para os participantes, a mídia não traz esse tipo de informação. Os entrevistados também consideraram fundamental a relação entre saúde e educação. "A pessoa educada não vai pôr a mão no lixo", argumentou um dos integrantes. No entanto, problemas vivenciados por eles acabam por provocar uma postura mais cética em alguns. "Eu acho que não. Algumas pessoas têm onde dar banho no filho. Mesmo assim, ele vive brincando, mexendo no lixo. É desatento também", contra-argumentou outro.

GRUPOS DE POLÍTICAS PÚBLICAS

Foram realizados dois encontros com grupos de pessoas ligadas à formulação ou à implementação de políticas públicas na área da saúde para verificar como elas, que conhecem a fundo a problemática, reagiriam aos experimentos aplicados aos leigos. Uma reunião aconteceu em São Paulo, capital, e outra, no interior. Dessa maneira, foi possível apreender as visões de duas realidades distantes, com questões de magnitude diferente a serem enfrentadas. Assim como os demais grupos, os integrantes dessa equipe também assistem com freqüência aos programas noticiosos das tevês e ouvem rádio. O que há de diferente em relação aos outros é uma leitura mais assídua dos jornais e das revistas.

Para esses profissionais da saúde, "a importância da imprensa é total, não se vive mais sem um sistema de informação de massa. Agora, se ela faz isso bem ou não é outro problema". Nesse ponto, começaram as críticas. "Os meios de comunicação, principalmente a televisão, não divulgam políticas de saúde, a notícia é, muitas vezes, com o objetivo de criticar e não de ajudar", disse um dos participantes.

Desconhecimento sobre as políticas

E a qualidade da informação? Novamente, a visão dos especialistas é semelhante à dos leigos. "A minha sensação é que a imprensa desconhece as políticas públicas na área de saúde, fica restrita às questões sensacionalistas, não passa disso", afirmou um dos integrantes do grupo.

Chamados a opinar sobre a primeira matéria – que falava dos avanços na saúde – os profissionais da área lançaram um olhar crítico. Para eles, a reportagem estava mal feita e discutia de forma superficial as questões a que se propunha. A partir dessa percepção, passaram a comentar alguns temas citados no texto. Com relação ao *Programa Saúde da Família* (PSF): "Realmente em vários estados e alguns municípios têm havido mudanças significativas. No entanto, ainda é pouco".

Na hora de falar sobre a segunda reportagem – a de conteúdo menos positivo –, os especialistas apontaram novas falhas. "Esta matéria mais parece um amontoado de pautas". O principal problema continua sendo, aqui, a falta de aprofundamento. "Ela não explica o porquê. Por exemplo: se consta no Conselho Federal de Medicina que o País tem uma média de 1 médico para cada 1.720 habitantes, por que não existem mais profissionais?", questionou um dos participantes. Apesar das críticas, eles concordaram que esta matéria, mais do que a primeira, permite maior questionamento e estimula as pessoas a buscar soluções – caminhos que o próprio jornal poderia ter trilhado.

Considerações sobre a pesquisa

Os especialistas também discutiram alguns achados do estudo coordenado pela ANDI. Por que o setor privado aparece pouco nas matérias? "Porque, com freqüência, o setor privado é vendido como uma ilha de excelência na assistência à saúde, e não é essa ilha. Boa parte da tônica tende a dizer que o serviço público é ruim e isso tem claramente uma posição ideológica da mídia contra a rede pública. Portanto, o setor privado não aparece e, quando aparece, aparece bem", disse um dos membros do grupo.

O estudo revelou que cerca de 30% das matérias são temáticas, isto é, discutem as doenças e as questões de saúde propriamente ditas. Qual é o risco que se corre quando essas discussões não são conduzidas de forma apropriada? "Para ilustrar a resposta, vou dar um exemplo: toda vez que alguém fala de câncer infantil, é citado o especialista A, B ou C e o cara fala ou o repórter põe na matéria que dor na perna pode ser um sinal de câncer nas crianças. E isso é verdade. Só que o número de crianças que têm dor na perna é imenso. Quem leu aquela reportagem, amanhã está onde? Na porta do posto de saúde", disse um dos especialistas.

ENTREVISTAS INDIVIDUAIS

As entrevistas individuais foram feitas na tentativa de confirmar a hipótese de que a mídia influencia a maneira de as pessoas enxergarem a realidade. Os jornais exercem um argumento de autoridade sobre os leitores, que, apesar de seu conhecimento prévio – que nunca é anulado – tendem a se desviar na direção do que está sendo proposto. Quanto maior a credibilidade do veículo, do jornalista e da própria notícia, maior a tendência de um efeito modificador sobre os indivíduos.

Como já foi explicado no início deste capítulo, foram criados três tipos de entrevistas. O primeiro conjunto de entrevistados teve acesso a matérias que chamaríamos de completas e positivas. O segundo foi submetido a reportagens negativas e/ou incompletas. E um terceiro time leu um texto que não tinha nenhuma relação com os anteriores. Todos os participantes foram submetidos às seguintes perguntas:

• Como vai a saúde no Brasil:

a) bem,

b) regular,

c) péssima?

• Como prevenir o soluço? (uma das matérias falava especificamente sobre esse assunto)

• A educação é importante no combate à mortalidade infantil causada por água contaminada? Como pode contribuir?

A expectativa era a de que os integrantes do primeiro grupo – de matérias mais otimistas sobre o tema – dessem mais respostas boas e regulares para a primeira questão do que o segundo time, leitores de textos críticos. Também era esperado que o primeiro grupo acertasse mais a resposta à segunda pergunta e que soubesse, além de dizer que a educação é importante, como ela é importante. Como o grupo de controle não leu as reportagens que tinham a ver com os temas explorados pelos outros dois blocos de textos, aí esperáva-se uma distribuição qualquer.

É bom lembrar o perfil desses entrevistados. Eles utilizam, majoritariamente, o sistema público de saúde (57,1% jamais usaram o sistema privado) e o consideram, em sua maioria, bom e regular (65,7%). Para 51,4% deles, a saúde no Brasil está em péssima situação.

Influência confirmada

Interessante notar que todas as hipóteses se confirmaram (*veja tabelas na página 106*). Um maior número de entrevistados respondeu que a saúde está regular após ter lido as matérias positivas sobre esse tema. No grupo que teve acesso aos textos negativos, esse percentual foi menor. Obviamente, como de antemão as pessoas disseram que a saúde no Brasil estava péssima, ninguém respondeu que ela ia bem. Os que leram a reportagem sobre soluço, que continha um trecho falando sobre prevenção, acertaram mais a pergunta sobre prevenção do que aqueles que tiveram acesso à matéria sem esse texto. Por fim, o grupo que leu a reportagem que mostrava como a informação poderia ser uma solução pôde dizer, em maior número, que a educação era importante e explicar como poderia ajudar.

Em linhas gerais, as entrevistas individuais mostraram que: as matérias realmente podem condicionar a maneira como as pessoas entendem a realidade; quando falam de prevenção, a mensagem é captada pela população; quando abordam educação e saúde, a mensagem também é absorvida pelos leitores. São todos ótimos motivos para que a mídia comece a explorar mais essas questões ao falar de temas tão importantes para o País como a saúde infantil.

COMPORTAMENTO DOS PARTICIPANTES *VS.* ATUAL ESTADO DA SAÚDE NO BRASIL	**Está regular, apresenta avanços, mas há muitos problemas**	**Vai muito mal, há muitos problemas e muito por ser feito**
Grupo de Entrevistados Tipo 1*	69,2%	30,8%
Grupo de Entrevistados Tipo 2**	58,3%	41,7%
Grupo de Entrevistados Tipo 3***	30,0%	70,0%
Total	**54,3%**	**45,7%**

COMPORTAMENTO DOS PARTICIPANTES *VS.* RESPOSTA À PERGUNTA "COMO PREVENIR O SOLUÇO?"	**Acertou**	**Não acertou**
Grupo de Entrevistados Tipo 1*	61,5%	38,5%
Grupo de Entrevistados Tipo 2**	8,3%	91,7%
Grupo de Entrevistados Tipo 3***	20,0%	80,0%
Total	**31,4%**	**68,6%**

COMPORTAMENTO DOS PARTICIPANTES *VS.* RESPOSTA À PERGUNTA "A EDUCAÇÃO PODE AJUDAR A SOLUCIONAR O PROBLEMA DA MORTALIDADE INFANTIL CAUSADO POR ÁGUA CONTAMINADA? COMO?"	**Respondeu sim e souber dizer como**	**Respondeu sim e não soube dizer como**	**Respondeu não**
Grupo de Entrevistados Tipo 1*	76,9%	23,1%	–
Grupo de Entrevistados Tipo 2**	50,0%	50,0%	–
Grupo de Entrevistados Tipo 3***	20,0%	70,0%	10,0%
Total	**51,4%**	**45,7%**	**2,9%**

**Pessoas que leram matérias positivas e completas sobre o tema.*

***Pessoas que leram matérias negativas e/ou incompletas.*

****Pessoas que leram uma matéria que não tinha nenhuma relação com as demais: grupo controle.*

FREQÜÊNCIA COM QUE OS PARTICIPANTES DOS GRUPOS E DAS ENTREVISTAS SE INFORMAM PELOS MEIOS DE CIRCULAÇÃO DIÁRIA

GRUPOS FOCAIS DE ALTA RENDA

Freqüência	TV	Rádio	Jornal
Todo os dias	50%	35,7%	35,7%
De 3 a 5 vezes por semana	14,3%	21,4%	14,3%
Menos de 3 vezes por semana	7,1%	14,3%	35,7%
Não lê ou não ouve	28,6%	28,6%	14,3%

GRUPOS FOCAIS DE BAIXA RENDA

Freqüência	TV	Rádio	Jornal
Todo os dias	68,8%	25%	6,3%
De 3 a 5 vezes por semana	18,8%	6,3%	18,8%
Menos de 3 vezes por semana	6,3%	25%	43,8%
Não lê ou não ouve	6,3%	43,8%	31,3%

GRUPOS FOCAIS DE POLÍTICAS PÚBLICAS

Freqüência	TV	Rádio	Jornal
Todo os dias	61,9%	28,6%	38,1%
De 3 a 5 vezes por semana	23,8%	19%	9,5%
Menos de 3 vezes por semana	14,3%	19%	42,9%
Não lê ou não ouve	–	33,3%	9,5%

ENTREVISTAS INDIVIDUAIS

Freqüência	TV	Rádio	Jornal
Todo os dias	68,6%	34,3%	25,7%
De 3 a 5 vezes por semana	17,1%	5,7%	2,9%
Menos de 3 vezes por semana	8,6%	14,3%	34,3%
Não lê ou não ouve	5,7%	45,7%	37,1%

A televisão é o principal meio de informação dos participantes de todos os grupos focais e entrevistas sobre Mídia e Saúde da Criança. Entre os integrantes de alta renda, 50% vêem TV diariamente. Mas o rádio também é um importante veículo para esses indivíduos: 35,7% dos participantes se informam por esse meio todos os dias. No grupo de baixa renda, a televisão também está na liderança: nada menos do que 68,8% das pessoas assistem TV diariamente. Entre os participantes do grupo focal de Políticas Públicas, os hábitos em relação aos meios de comunicação de massa são muito parecidos com os das outras equipes. A diferença é que essas pessoas lêem mais assiduamente os jornais impressos e as revistas semanais.

⑥

Para Saber Mais

Confira nas próximas páginas um roteiro com explicações de conceitos e termos usados no universo da saúde infantil, indicações de fontes relevantes nessa área e outros dados sobre o tema

Glossário

A

ALEITAMENTO MATERNO EXCLUSIVO Crianças que recebem somente leite materno, sem água, chá ou suco. O recomendável é que todos os bebês sejam amamentados exclusivamente até os seis meses de vida.

B

BAIXO PESO É o peso abaixo do normal. Termo muito utilizado para indicar o baixo peso dos bebês no nascimento. Estão nesse grupo as crianças que nascem com menos de 2.500 gramas. Esses nenês possuem maior risco de morrer e adoecer no primeiro ano de vida. O tabagismo, a presença de infecções durante a gestação, além da gravidez na adolescência, são alguns dos principais fatores que contribuem para o problema.

BANCOS DE LEITE Trata-se de uma rede de Bancos de Leite Humano que visa promover a saúde da mulher e da criança, especialmente dos bebês prematuros e de baixo peso. Até o final de 2002, existiam 153 unidades em funcionamento em 25 estados do País, coletando e distribuindo mais de 100 mil litros de leite. Essa estratégia é reconhecida internacionalmente como a maior experiência de Bancos de Leite Humano no mundo. É coordenada pela Secretaria de Políticas de Saúde (MS), por meio da Área Técnica de Saúde da Criança.

BOLSA-ALIMENTAÇÃO Criado pelo Ministério da Saúde, o *Programa Bolsa-Alimentação* tem como objetivo a promoção das condições de saúde e nutrição de gestantes, mães que amamentam e crianças de seis meses a seis anos e onze meses de idade, em risco nutricional, de famílias sem renda ou que possuam renda mensal de até R$ 90,00 *per capita*. A iniciativa atua em duas frentes: complementando a renda familiar e realizando ações básicas de saúde. Cada família cadastrada recebe de R$ 15,00 a R$ 45,00 por mês, dependendo do número de beneficiários. O valor é pago por meio de cartão magnético e o saque pode ser feito nas agências da Caixa Econômica Federal. Uma vez cadastrada, a família se compromete a realizar uma *Agenda de Compromissos em Saúde*, que consiste em ações básicas como pré-natal, vacinação, acompanhamento do crescimento e desenvolvimento infantil e atividades educativas em saúde e nutrição.

C

CARÊNCIAS NUTRICIONAIS É uma forma de desnutrição (subnutrição) caracterizada pela falta de nutrientes importantes para o organismo. Pode ser uma carência geral de várias substâncias ou específica. A deficiência de ferro, chamada de anemia ferropriva, é a mais comum. Há também a hipovitaminose A (falta de vitamina A). As carências nutricionais são, em geral, decorrentes de uma alimentação inadequada – em quantidade e/ou qualidade – ou causadas por determinadas doenças que resultam em maior perda de nutrientes (diarréias e hemorragias) ou no consumo exagerado pelo organismo, caso do câncer e de alguns tipos de anemia.

CARTÃO DA CRIANÇA É o instrumento utilizado para acompanhar a saúde e a nutrição das crianças. Esse documento contém várias informações relevantes sobre o nascimento da criança e suas condições de saúde, tais como: tipo de parto, peso ao nascer, datas em que a criança vai à unidade de saúde, vacinas, doenças (como diarréia e pneumonia) e outros eventos importantes. O desenvolvimento psicossocial da criança também deve ser acompanhado utilizando-se as informações e os marcos estabelecidos. O cartão fica com a família – mãe, pai ou responsável –, que precisa ser orientada para apresentá-lo sempre que for a um posto de saúde. Médicos, enfermeiros, nutricionistas e agentes de saúde devem registrar os dados da criança e explicar a mães, pais ou responsáveis o significado dessas anotações.

CERTIDÃO DE NASCIMENTO Também chamada de registro civil de nascimento. Esse documento fornecido pelos cartórios é o primeiro direito de qualquer criança e possibilita o exercício pleno da cidadania. Sem ele, o indivíduo não existe oficialmente e não tem acesso legal aos privilégios e proteção que o País oferece a seus cidadãos. Constitui ainda o instrumento básico mediante o qual o governo pode ter o censo de seus cidadãos e planejar políticas na área social. A certidão deve ser fornecida pelos cartórios a todos os cidadãos brasileiros e a sua primeira via é gratuita.

CONANDA É o Conselho Nacional dos Direitos da Criança e do Adolescente. Órgão vinculado ao Ministério da Justiça, o Conanda é formulador das diretrizes políticas voltadas para a criança e o adolescente no País, as quais devem ser incorporadas às ações setoriais do governo. Sua criação, que aconteceu no ano de 1991, estava prevista no Estatuto da Criança e do Adolescente (ECA). Uma de suas missões é levar as diretrizes estabelecidas em âmbito nacional ao conhecimento dos Conselhos Estaduais e Municipais dos Direitos da Criança e do Adolescente, dos Conselhos de Saúde, Educação e Assistência Social e das entidades governamentais e não-governamentais envolvidas na execução das políticas públicas. Também é responsável por recomendar aos Conselhos a observação das normas previstas na legislação para julgamento, aprovação e execução de programas e políticas públicas no âmbito estadual e municipal nas diversas áreas de interesse da criança e do adolescente. Site: *www.mj.gov.br/sedh/conanda.*

CONASEMS É o Conselho Nacional de Secretários Municipais de Saúde. Sua principal missão é defender o acesso integral de todos os cidadãos brasileiros a uma política de saúde eficaz, por meio do fortalecimento da autonomia dos municípios. Entre suas mais importantes atividades está a de estimular a troca de experiências e informações entre os municípios, conectando instituições acadêmicas, agências internacionais de cooperação técnica e órgãos governamentais. Os secretários municipais participam ainda de conselhos e fóruns que atuam na área da saúde e da criança. Site: *www.conasems.com.br.*

CONSELHOS DE DIREITOS DA CRIANÇA E DO ADOLESCENTE São órgãos municipais e estaduais, deliberativos, autônomos, reguladores e controladores das políticas relacionadas às crianças e aos adolescentes brasileiros. Os Conselhos foram previstos no Estatuto da Criança e do Adolescente – ECA, estão implantados nos níveis Nacional, Estadual e Municipal e devem ter composição paritária, ou seja, precisam contar com metade dos representantes da sociedade civil e metade do governo.

CONSELHOS NACIONAL, ESTADUAL E MUNICIPAL DE SAÚDE São instâncias que atuam na formulação de estratégias e no controle de execução das políticas públicas de saúde do País *(veja mais informações sobre esses conselhos na página 141, no Anexo II, intitulado "O que é o SUS")*.

CONSELHOS TUTELARES Trata-se de instâncias também previstas no Estatuto da Criança e do Adolescente – ECA. São organismos não jurisdicionais, formados por representantes da sociedade civil por meio de eleição direta em cada município. Sua missão é zelar pelo cumprimento dos direitos da criança e do adolescente. Dependendo da população, um município pode ter um ou mais conselhos.

CRECHE Unidade de atendimento de crianças de zero a três anos, que desenvolve atividades lúdicas e de promoção do desenvolvimento infantil em regime de quatro ou oito horas. Existem creches públicas e privadas. Depois da sanção da *Lei de Diretrizes de Bases da Educação*, em 1996, essas instituições passaram a integrar o sistema educacional brasileiro e, pelo menos de acordo com a lei, não podem ser vistas apenas sob a ótica assistencialista.

D

DESNUTRIÇÃO É o resultado do déficit de nutrientes no organismo. Nutriente é toda substância indispensável ao corpo cuja falta na alimentação leva a doenças e posteriormente à morte. A desnutrição pode ser geral (quando faltam vários nutrientes) ou específica (quando há o déficit de alguma substância em especial). A desnutrição deixa o organismo mais vulnerável a infecções e, dependendo do tipo, podem aparecer sinais e sintomas específicos.

E

ESTATUTO DA CRIANÇA E DO ADOLESCENTE – ECA O Estatuto da Criança e do Adolescente (ECA) foi criado pela lei de 8.096, de 13 de julho de 1990, e entrou em vigor no dia 12 de outubro daquele ano. Estabelece direitos e deveres dos brasileiros de zero a 18 anos, além de regulamentar conquistas garantidas pela Constituição de 1988, pela Convenção dos Direitos da Criança de 1989 e por outros tratados internacionais. O ECA resultou de uma ampla mobilização e participação popular e, por isso, representa a visão que a sociedade tem da criança e o modo como quer que ela seja tratada, isto é, como cidadão, respeitada nos seus direitos, integrante de uma sociedade consciente e responsável pelo seu presente. Ao adotar a doutrina da proteção integral à criança e ao adolescente, o ECA mudou radicalmente a orientação dada ao atendimento à população infanto-juvenil. O antigo Código de Menores, substituído pelo Estatuto, tinha caráter punitivo e assistencialista e dirigia-se apenas àqueles que estavam em situação irregular, principalmente os abandonados e os infratores. O ECA amplia os poderes dos cidadãos e dos municípios na gestão dos assuntos relativos às crianças e aos adolescentes permitindo que a sociedade faça valer seus direitos.

F

FECUNDIDADE É a estimativa do número de filhos. Existem a taxa de fecundidade total e a específica. A taxa de fecundidade total representa o número médio de filhos nascidos vivos por mulheres de 15 a 49 anos, considerada faixa etária de idade fértil. A taxa específica de fecundidade é o número médio de filhos nascidos vivos por mulheres de cada faixa etária específica do período reprodutivo por ano.

H

HOSPITAL AMIGO DA CRIANÇA A Iniciativa Hospital Amigo da Criança (IHAC) foi idealizada em 1990 pelo Unicef e pela Organização Mundial de Saúde (OMS) para promover, proteger e apoiar o aleitamento materno. O objetivo é mobilizar os funcionários dos estabelecimentos de saúde para que mudem condutas e rotinas responsáveis pelos elevados índices de desmame precoce. A IHAC estabelece dez passos para o sucesso do aleitamento materno e cinco critérios para que o hospital ganhe o título. O Ministério da Saúde vem capacitando profissionais e aumentando o aporte financeiro para os centros credenciados nessa rede.

I

IMUNIZAÇÃO Os produtos imunizantes – vacinas, soros heterólogos (imunoglobulinas animais) e soros homólogos (imunoglobulinas humanas) – são utilizados na prevenção e/ou tratamento de doenças. No Brasil, o Programa Nacional de Imunizações (PNI) existe desde 1973. Com as campanhas de vacinação da população, alguns avanços ocorreram, como a erradicação de doenças como a poliomielite, a febre amarela urbana e a varíola, e o controle de outras, como tétano, difteria e coqueluche.

M

MÉTODO MÃE-CANGURU É um tipo de assistência neonatal que foi desenvolvido em 1979 no Instituto Materno-Infantil de Bogotá, na Colômbia, e vem sendo usado em diversos países, sobretudo naqueles que não dispõem de um número suficiente de incubadoras. Esse método consiste em manter o prematuro junto ao colo materno, retirando-o da incubadora assim que possível. Com esse contato, melhoram os indicadores de saúde e bem-estar do bebê, tais como batimentos cardíacos, respiração e controle da temperatura. Outra vantagem dessa prática é que ela estimula o aleitamento materno e o nenê fica, assim, mais protegido contra infecções.

MORTALIDADE INFANTIL Além de revelar muito a respeito das condições de saúde das populações, a taxa de mortalidade infantil é também um importante indicador de desenvolvimento social e econômico de um País. Educação, renda, saneamento e acesso a serviços de saúde são fatores que influenciam as chances de sobrevivência infantil. A Taxa (ou coeficiente) de Mortalidade Infantil, conhecida como TMI, é calculada fazendo-se uma relação entre o número de óbitos de crianças menores de um ano de idade e o número de crianças que nascem vivas, em um determinado ano e local. Seu cálculo leva em conta a base de mil nascidos vivos. Portanto, quando se fala que a mortalidade infantil em um determinado local foi de 40 por mil (ou 40/1000), isso quer dizer que para cada mil crianças que nasceram vivas, quarenta morreram antes de completarem um ano de idade.

MORTALIDADE MATERNA Indicador utilizado para acompanhar a saúde feminina. É calculado utilizando-se o número de óbitos de mulheres relacionados à gravidez, ao parto e/ou ao pós-parto em uma base de 100.000 nascidos vivos. Quando dizemos que a mortalidade materna em um determinado local foi de 90 por 100.000, isso significa que morreram 90 mulheres por problemas relacionados à gestação e ao parto para cada 100 mil bebês nascidos vivos naquele local.

MORTALIDADE NEONATAL O Coeficiente de Mortalidade Infantil é dividido normalmente em mortalidade infantil neonatal e pós-neonatal, que ocorrem respectivamente antes e depois de 28 dias de vida. O período neonatal pode ser dividido em precoce (primeira semana) e tardia (de 7 a 27 dias). Atualmente a mortalidade neonatal é a que mais preocupa as autoridades de saúde no Brasil, uma vez que cerca de 60% das mortes de crianças menores de um ano de idade ocorrem nessa fase.

MORTALIDADE PERINATAL Esse indicador engloba a mortalidade neonatal precoce (óbitos ocorridos entre zero e seis dias de vida) e a natimortalidade (soma do número de bebês nascidos mortos e de nascidos vivos) em um determinado local e certo período para cada mil crianças nascidas vivas.

MUNICÍPIO APROVADO Em 1998, o escritório do Unicef no Ceará lançou o projeto "Selo – Município Aprovado", com o objetivo de estimular a execução de ações em favor da criança. Esse projeto é um sistema de certificação da qualidade de gestão pública conferida ao município que avançou no desempenho de políticas públicas voltadas para a infância e a adolescência.

N

NATALIDADE Percentagem de nascimentos de uma comunidade em um certo período de tempo. A Taxa de Natalidade é a relação entre o número de nascimentos ocorridos em um ano e o número de habitantes estimados para este mesmo período em uma determinada localidade. Uma taxa de natalidade de 30 por mil significa que nasceram 30 crianças vivas para cada grupo de 1000 habitantes em um ano e local.

O

OBESIDADE É o excesso de gordura no corpo que, na prática, é medido pela relação entre o peso e a altura. Uma criança obesa possui mais chances de ter esse problema na adolescência e na idade adulta. A obesidade aumenta os riscos de doenças cardíacas, diabete, acidentes vasculares cerebrais e alguns tipos de câncer.

P

PRÉ-ESCOLA Estabelecimento destinado a crianças de quatro a seis anos. A pré-escola não quer dizer "fora da escola", "antes da escola", nem "preparação para a escola". Essa etapa da escolarização faz parte do Ensino Básico e está sujeita a diretrizes pedagógicas específicas.

PREFEITO AMIGO DA CRIANÇA Criado em 1996, o *Programa Prefeito Amigo da Criança*, uma iniciativa da Fundação Abrinq, visa mobilizar e apoiar as administrações municipais na implementação de políticas públicas de proteção integral às crianças e aos adolescentes, em sintonia com as diretrizes do Estatuto da Criança e do Adolescente (ECA). O projeto faz um acompanhamento da atuação das gestões municipais, oferecendo retornos analíticos e qualitativos sobre as ações em curso nas cidades que compõem essa rede. Para a gestão 2001/2004, segundo dados de 2002 da Fundação Abrinq, havia 1.542 municípios brasileiros cadastrados no programa.

PRÉ-NATAL Conjunto de cuidados relativos à gravidez, visando à saúde da gestante e do bebê. Inclui uma série de pelo menos seis consultas médicas, iniciadas logo que se toma conhecimento da gestação. Durante essas visitas são realizados exames físicos e laboratoriais para avaliar o estado de saúde da gestante e detectar problemas que estejam ocorrendo com ela ou o bebê. Um pré-natal bem feito pode evitar muitos casos de mortes maternas e infantis.

SUS Sistema Único de Saúde, criado pela Constituição de 1988 (*veja informações sobre o SUS e a legislação relativa a ele na página 141, Anexo II).*

TESTE DO PEZINHO Esse exame é feito por meio de uma picada no calcanhar do bebê a partir do segundo dia de vida. Ele detecta precocemente suspeitas de várias doenças congênitas: fenilcetonúria, hipotiroidismo, anemia falciforme, outras hemoglobinopatias e fibrose cística. O teste do pezinho deve ser realizado preferencialmente entre o segundo e sétimo dia de vida.

**Este glossário foi produzido com a consultoria de Ana Goretti Kalume Maranhão, coordenadora da área de Saúde da Criança do Ministério da Saúde no governo Fernando Henrique Cardoso, e de Francisca Andrade, pediatra, coordenadora da Área de Saúde do Adolescente do Ceará*

DOENÇAS MAIS COMUNS

COQUELUCHE Doença infecciosa, contagiosa, causada pelo micro-organismo *Bordetella pertussis*. O principal sintoma é uma tosse persistente e irritativa. Pode ser prevenida com a vacina Tríplice Bacteriana e pela vacina combinada: Tríplice Bacteriana com Haemophilus Influenza Tipo B.

DIARRÉIA AGUDA Caracterizada pela perda de água e sais, aumento do volume e da freqüência das evacuações e pela alteração da consistência das fezes. Pode apresentar muco e sangue (disenteria). Atinge principalmente crianças que moram em locais sem saneamento básico. O aleitamento materno é a principal proteção nas crianças com menos de seis meses.

DIFTERIA Doença infecciosa e contagiosa causada pelo microorganismo *Corynebacterium diphteriae*. Uma característica é o aparecimento de placa branca acinzentada nas amígdalas. Pode levar à morte. Pode ser evitada com a vacina Tríplice Bacteriana e com a vacina combinada.

ESCABIOSE Também conhecida como sarna, tem como sintoma mais comum uma coceira intensa principalmente nos espaços entre os dedos, as axilas e as nádegas. A transmissão ocorre por meio do contato pessoal.

INFECÇÕES RESPIRATÓRIAS São doenças infecciosas do aparelho respiratório. Podem acometer os órgãos que ficam na parte superior do aparelho respiratório (nariz, por exemplo) e na parte inferior (pulmões). Nesse último caso, são mais comuns as pneumonias, que se forem tratadas corretamente não apresentam complicação.

PARASITOSES São causadas por parasitas que atacam geralmente o aparelho digestivo. Entre os sintomas estão diarréia, náuseas e prisão de ventre. Entre as mais comuns estão a ascaridíase, a ancilostomíase, a oxiuríase e a estrongiloidíase. Normalmente, são resultado da falta de saneamento básico.

PEDICULOSE Também conhecida como infestação por piolhos. A forma mais comum é a do couro cabeludo. Podem ocorrer também manifestações no corpo e na região dos genitais. A doença se manifesta com bastante coceira, especialmente na parte posterior da cabeça. A transmissão se dá por meio de contato direto ou pelo uso de roupas, lençóis e fronhas das pessoas contaminadas. Podem acontecer surtos em aglomerados como, escolas, hospitais e asilos.

POLIOMIELITE Também conhecida como Paralisia Infantil, pode apresentar desde formas leves até manifestações graves com paralisia. Graças à imunização com a vacina Sabin, a doença, foi erradicada no Brasil e nas Américas.

SARAMPO Doença infecciosa aguda causada por um vírus – mixovírus – e altamente contagiosa. Caracterizada por febre, manchas vermelhas no corpo, tosse e conjuntivite, o sarampo ataca mais as crianças, especialmente as com menos de cinco anos, e os adolescentes menores de 15. A transmissão ocorre por meio das secreções das vias respiratórias e por secreção ocular. A vacinação tem controlado a doença no Brasil.

TÉTANO Doença infecciosa, não contagiosa, causada pelo microorganismo *Clostridium tetani* e que ataca as células do sistema nervoso. O tétano pode ocorrer no período neonatal quando a mãe não recebe a vacina antitetânica. Acontece também quando uma pessoa tem um ferimento, que é contaminado por terra, poeira ou objetos sujos. Pode ser prevenido por meio da vacina Tríplice Bacteriana.

TUBERCULOSE Doença infecciosa e transmissível, causada pelo microorganismo *Mycobacterium tuberculosis* que pode acometer vários órgãos além do pulmão – entre eles, ossos, rins, sistema nervoso e intestino. Os pulmões são geralmente a porta de entrada e a sede da infecção. As formas graves podem ser prevenidas pela vacina BCG ainda na maternidade.

Diretório de Fontes

Organizações 116
Especialistas 128
Estudos e Publicações 133
Sites 137

ORGANIZAÇÕES

A

ABRINQ – FUNDAÇÃO ABRINQ PELOS DIREITOS DA CRIANÇA E DO ADOLESCENTE

Atuação: Nacional
Endereço: Rua Lisboa, 224, Jardim América – São Paulo, SP, Cep: 05413 -000
Fone: (11) 3081-0699
Fax: (11) 3081-0699 ramal 120
E-mail: info@fundabrinq.org.br
Site: www.fundabrinq.org.br
Assessoria de Imprensa: Renata Cook

A Fundação Abrinq é uma entidade sem fins lucrativos que tem como missão promover a defesa dos direitos de crianças e adolescentes. Para isso, articula e mobiliza a sociedade civil e o poder público para transformar a criança e o adolescente em prioridade, além de promover e dar visibilidade a políticas e ações bem-sucedidas que possam ser disseminadas. Na área da saúde da criança e do adolescente, além do *Programa Prefeito Amigo da Criança (veja mais informações no Glossário, página 114)*, desenvolve os seguintes projetos:

Programa Adotei Um Sorriso - Por meio do trabalho voluntário e especializado de nutricionistas, pediatras, fonoaudiólogos, enfermeiros, dentistas e psicólogos, é fortalecido o atendimento em saúde a crianças e adolescentes em organizações sociais.

Programa Nossas Crianças - Pessoas físicas e jurídicas, por meio de contribuição financeira mensal, garantem a qualidade do atendimento a crianças e adolescentes em organizações sociais. Este programa também possui voluntariado empresarial. Empresas doam seus serviços (consultas, exames e cirurgias) para as crianças e jovens das organizações que fazem parte da Rede Nossas Crianças, garantindo o direito à saúde desses meninos e meninas.

ACTC – ASSOCIAÇÃO DE ASSISTÊNCIA À CRIANÇA CARDÍACA E TRANSPLANTADA DO CORAÇÃO

Atuação: São Paulo, SP
Endereço: Rua Oscar Freire, 2.136 – Pinheiros, São Paulo, SP, Cep 05409-011
Fone: (11) 3088-2286/3085-0624/3898-1406
E-mail: actc@actc.org.br
Site: www.actc.org.br

A ACTC tem como missão auxiliar crianças de baixa renda, com doenças cardíacas, encaminhadas pelo Instituto do Coração - Incor, órgão do Hospital das Clínicas da Faculdade de Medicina da USP, dando suporte também aos familiares. São oferecidos às crianças e às mães, gratuitamente, e pelo tempo que for necessário, hospedagem, alimentação, apoio social, psicológico, pedagógico e lazer, facilitando a convivência entre pessoas que enfrentam as mesmas dificuldades.

ÁREA DA SAÚDE DA CRIANÇA DO MINISTÉRIO DA SAÚDE

Atuação: Nacional
Endereço: Esplanada dos Ministérios, Bloco G, Ministério da Saúde, 6º andar, sala 636 – Brasília, DF, Cep 70058- 900
Fone: (61) 315-2866/315.2759 Fax: 315-2038
E-mail: goretti@saude.gov.br e jane.ramos@saude.gov.br
A Área Técnica desenvolve ações de saúde voltadas para a faixa etária de 0 a 5 anos. A política de saúde da criança tem como eixo principal a redução da mortalidade infantil. Para a mudança de indicadores e resultados, o Ministério da Saúde vem ampliando a sua ação de humanização e melhoria da assistência. As ações do Ministério da Saúde incluem a intervenção no pré-natal, parto e nascimento, a partir de ação intersetorial com a área de saúde da mulher. Os projetos implantados abarcam:
Método Mãe Canguru: assistência neonatal, focada no recém-nascido de baixo peso.
Projeto Registro de Nascimento: implantação de Postos de Registro de Nascimento nas Maternidades da rede SUS, para garantia do registro e da certidão de nascimento gratuitos na hora da alta do parto hospitalar.
Projeto de Atenção Integral às Doenças Prevalentes na Infância: atividade de Acompanhamento do Crescimento e Desenvolvimento Infantil, garantindo o monitoramento das crianças em todas as fases de seu desenvolvimento e não só nos momentos de doença.
Política de Aleitamento Materno: incentiva a amamentação exclusiva até os 6 meses, promovendo sua prolongação até os dois anos de idade. Para a realização dessas ações, o Ministério da Saúde tem investido em projetos como Hospitais Amigos da Criança, Rede Nacional de Bancos de Leite Humano, Projeto Carteiro Amigo, Bombeiros da Vida e Iubaam-Iniciativa Unidades Básicas Amigas da Amamentação.
Projeto Biblioteca Viva: implantado em Hospitais da rede SUS, objetiva minimizar o impacto da internação por meio de leituras de histórias infanto-juvenis, envolvendo paciente, família e profissionais de saúde na recuperação.

ÁREA DE PEDIATRIA DA UNIVERSIDADE FEDERAL DE SÃO PAULO (UNIFESP)

Atuação: São Paulo, SP, e Parque Indígena do Xingu, MT
Endereço: Rua Botucatu, 598, Vila Clementino – São Paulo, SP, Cep 04023-063
Fonefax: (11) 5576-4095/5573-4255/5549-6124
E-mail: pediatr@osite.com.br
Site: http://www.unifesp.br/dped
E-mail: falecom-assessoria@midia.epm.br
Com atendimento pediátrico diversificado, a Unifesp conta com diversos hospitais e institutos, contemplando desde a área neonatal até a de oncologia e doenças renais. Merecem destaque as atividades voltadas para a saúde da criança, desenvolvidas desde o início da década de 70 no município do Embu (em São Paulo) e no Parque Indígena do Xingu, além dos projetos desenvolvidos em comunidades de favelas na capital paulista. No Hospital São Paulo, ligado à Unifesp, uma equipe multidisciplinar implantou o programa de Pais-Participantes, que visa estimular a participação dos acompanhantes no tratamento das crianças hospitalizadas, e o programa Brinquedoteca, que oferece às crianças e aos seus pais um espaço para o lazer, fonte de potencialização da criatividade, grande aliado na luta contra a doença.

ASSOCIAÇÃO COMUNITÁRIA MONTE AZUL

Atuação: São Paulo, SP
Endereço: Avenida Tomás de Souza, 552 – São Paulo, SP, Cep 05836-350
Fone: (11) 585-11000/15370
Fax: (11) 5851-1089
E-mail: monteazul@monteazul.org.br

Site: www.monteazul.org.br
Atende cerca de 1.100 crianças e adolescentes de favelas da zona sul de São Paulo, centrando esforços no desenvolvimento integral por meio de programas de saúde, desenvolvimento social, educação e cultura. Mantém ambulatórios médico e odontológico nas creches, atendendo 400 crianças por mês, faz pré e pós-natal na área de saúde, oferece serviços de educação infantil e pré-escola, além de complementação escolar e educação para crianças com deficiências. Recebeu oito prêmios nacionais, com destaque para o Prêmio Bem Eficiente, em 2002.

ASSOCIAÇÃO DE APOIO AO PROJETO QUIXOTE

Atuação: São Paulo, SP
Endereço: Rua Prof. Francisco de Castro 92 – Vila Clementino, São Paulo, SP, Cep 04020-050
Fones: (11) 5572-8433 e 5904-3524
Fax: (11) 5572-8433
E-mail: quixote@psiquiatria.epm.br
Site: www.projetoquixote.epm.br
Assessora de imprensa: Simone Benedita
O projeto investe amplamente na área pedagógica (oficinas lúdicas, acompanhamento pedagógico, programa de inserção no sistema formal de educação e de educação para o trabalho) e tem como principal objetivo a promoção e a atenção global à saúde, integrando o trabalho de profissionais nas áreas de psiquiatria, psicologia, pediatria, ginecologia e odontologia, além de contar com o apoio do Hospital São Paulo, ligado à Universidade Federal de São Paulo - Unifesp. A equipe é especializada na área de saúde mental, em particular no tratamento de crianças e adolescentes usuários de drogas. Desde 1996, já foram atendidos mais de 1.800 crianças e adolescentes, e capacitados cerca de 1.500 educadores e técnicos no estado de São Paulo.

ASSOCIAÇÃO SAÚDE DA CRIANÇA – RENASCER

Atuação: Rio de Janeiro, RJ
Endereço: Rua Jardim Botânico, 414 – Parque Lage, Jardim Botânico, Rio de Janeiro, Cep 22461-000
Fonefax: (21) 2286-9988
E-mail: renascer@saude-crianca.org.br
Site: www.saude-crianca.org.br
Assessora de imprensa: Luciana Medeiros
E-mail: lumedeiros@pobox.com
Fundada em 1991, por Vera Cordeiro, a Associação Saúde da Criança -Renascer é uma ONG que surgiu a partir da indignação de profissionais da área de saúde pública do Hospital da Lagoa, no Rio de Janeiro, diante do sofrimento das crianças de baixa renda. O objetivo dos 180 voluntários envolvidos no trabalho é quebrar o ciclo "miséria, doença, internação, reinternação", que, na maior parte dos casos, resulta na morte das crianças. A Associação Renascer já ajudou na recuperação e no amparo de cerca de 6.044 crianças e 1.727 famílias. O suporte aos meninos e meninas atendidos, bem como às famílias, é dado por meio de palestras sobre saúde, medicamentos, alimentação balanceada e encaminhamento dos provedores da casa para cursos profissionalizantes e empregos.

B

BNDES – BANCO NACIONAL DE DESENVOLVIMENTO ECONÔMICO E SOCIAL

Atuação: Nacional
Endereço: Av. República do Chile, 100 – Rio de Janeiro, RJ, Cep 20139 900
Fone: (21) 277-6868
Fax: (21) 277-7447/6978
Site: www.bndes.gov.br
E-mail: imprensa@bndes.gov.br
Financia investimentos sociais direcionados para a educação e saúde, saneamento básico e ambiental, transporte coletivo de massa e agricultura familiar contribuindo para a melhoria da competitividade da economia brasileira e para a elevação da qualidade de vida da população. Na área da saúde da criança, por exemplo, dá amplo apoio à implantação, no Brasil, do Método Mãe Canguru. Em março de 1999, o BNDES realizou conferência

nacional com o objetivo de divulgar o método e difundir seus benefícios. Um outro programa na área da saúde do BNDES tem como público alvo as crianças e os jovens oriundos de famílias de baixa renda. São apoiados projetos de atendimento extra-hospitalar, com modelos construídos a partir de parceria com a sociedade civil e o setor público, que atendem crianças em tratamento médico. Além de dar apoio complementar ao tratamento, são oferecidas atividades de assistência social, de proteção humana e de reinserção social das crianças e suas famílias. O projeto objetiva ainda ampliar e consolidar as iniciativas que adotem o conceito de Redes de Atenção, minimizando a superposição de esforços e racionalizando a alocação de recursos.

C

C.A.I.S. DO PARTO – CENTRO ATIVO DE INTEGRAÇÃO DO SER

Atuação: regiões Norte e Nordeste
Endereço: Av. José Augusto Moreira, 525, sala 10 – Casa Caiada, Olinda, PE, Cep 53130 -410
Fone: (81) 432-5833/7803
Fax: (81) 432-5833
E-mail: cais@elogica.com.br
O objetivo principal da C.A.I.S. do Parto é lutar pela humanização do parto, pela regulamentação da profissão de parteira e pela criação de cursos de formação para essas profissionais, por meio da capacitação do maior número possível delas a partir dos treinamentos promovidos em diversos municípios do Norte e Nordeste. O projeto também investe na orientação das parteiras sobre organização política, para que elas criem núcleos e associações para reivindicar melhores condições de trabalho e remuneração, e estabeleçam parcerias com instituições que financiem projetos na área. A organização não trabalha apenas com parteiras tradicionais, mas também com as parteiras domiciliares (formação como enfermeira de nível médio ou superior) e com as parteiras hospitalares (em unidades de saúde de pequeno porte ou do Sistema Único de Saúde-SUS). A partir de um trabalho em rede, já foi possível proporcionar a reciclagem de 2.400 profissionais, em mais de 93 cidades, por meio da difusão de métodos modernos de assepsia e detecção de problemas no pré e pós-parto.

CENTRO DE ARTICULAÇÃO RETOME A SUA VIDA

Atuação: Recife, PE
Endereço: Rua dos Coelhos, 317, 2º andar – Boa Vista, Recife, PE, Cep 50070-550
Fonefax: (81) 322- 4529
E-mail: retome@ig.com.br
Site: www.retome.org
Com o objetivo de permitir o acesso de crianças e adolescentes às políticas públicas básicas de garantia de direitos, como saúde, educação, lazer, o Retome a sua Vida atende cerca de 6.000 meninos e meninas por meio da capacitação de educadores populares, envolvendo 84 entidades da região no trabalho. O Projeto conta com parceria do Juizado da Infância e Juventude de Recife para atendimento de 87 crianças e adolescentes em situação de conflito com a lei.

CODIPI – COMITÊ DA PRIMEIRA INFÂNCIA

Atuação: Nacional
Endereço: Esplanada dos Ministérios, Ministério da Justiça, Anexo II – Brasília, DF, Cep 70064-900
Fone: (61)429-3560
Fax: (61) 223-4889
E-mail: codipi@planalto.gov.br
O Comitê da Primeira Infância tem o objetivo de construir estratégias que garantam o cumprimento de todos os direitos das crianças brasileiras de zero a seis anos de idade, a fim de permitir o seu desenvolvimento integral. O Comitê não se define como um programa, mas sim como uma metodologia de trabalho cuja proposta é integrar e articular ações em favor das crianças. Sua atuação foi iniciada em 28 localidades de funcionamento do Programa Comunidade Ativa, por meio de experiência-piloto realizada de março a outubro de 2001. A partir

de 2002, com a grande receptividade dos membros dos Fóruns de Desenvolvimento Local Integrado e Sustentável (DLIS) e a importante sensibilização dos gestores, os estados passaram a criar Comitês Estaduais da Primeira Infância como forma de estimular e monitorar a formação de comitês municipais. O organismo é composto por integrantes dos Ministérios da Saúde, da Educação, da Previdência e Assistência Social, da Cultura, da Justiça, da secretaria-executiva do Programa Comunidade Solidária, da Câmara dos Deputados, do Unicef, da Unesco, do Banco Mundial, da Pastoral da Criança e da Fundação Orsa.

COORDENAÇÃO DE MEDICINA DA CRIANÇA E DO ADOLESCENTE DA UNIVERSIDADE DE BRASÍLIA

Atuação: Distrito Federal
Endereço: Campus Universitário Darcy Ribeiro, Asa Norte – Brasília, DF, Cep: 70910-900
Fone: (61) 307-2022
Fax: (61) 272-0003
E-mail: unb@unb.br
Assessoria de Imprensa: Rodrigo Caetano
Fone: (61) 307-2028/2246/2637
Fonefax: (61) 272-2497
E-mail: caetano@unb.br

A Universidade de Brasília (UnB) realiza diversos trabalhos na área da saúde da criança nos setores de ensino, pesquisa e extensão. As principais características são a multidisciplinaridade e a integração de diferentes campos de conhecimento.

CRAMI – CENTRO REGIONAL DE ATENÇÃO AOS MAUS TRATOS NA INFÂNCIA

Atuação: Santo André, SP
Endereço: Av. Lino Jardim, 114, Vila Bastos – Santo André, SP, Cep 09041- 030
Fonefax: (11) 4992-1234
E-mail: crami@zaz.com.br
Site: www.c2imagens.com.br/crami

Atende crianças e adolescentes vítimas de violência doméstica (negligência, abandono, violência física, psicológica e abuso sexual). O trabalho é realizado por equipe multidisciplinar, unindo conhecimentos de serviço social, psicologia e medicina. Outro foco de atuação está na prevenção, realizada por meio de palestras e divulgação das formas de violência doméstica em escolas, creches, hospitais e empresas. Disseminar entre o grande público informações que levem à identificação e notificação do abuso, bem como sensibilizar a comunidade para uma educação baseada no carinho, respeito e afeto, são os objetivos finais das ações preventivas. Atualmente, o Crami conta com base de dados, montada a partir dos atendimentos realizados na entidade, com a intenção de agregar informações como: o perfil do agressor, a região com maior incidência de casos, os tipos de violência praticados. Isso possibilita que a instituição realize trabalhos específicos com os grupos de risco.

D

DEPARTAMENTO DE METODOLOGIA DE ENSINO DA UNIVERSIDADE FEDERAL DE SÃO CARLOS

Atuação: São Carlos, SP
Endereço: Via Washington Luís, Km 235 – Monjolinho, São Carlos, SP, Cep 13565-905
Fone: (16) 260-8373
Fax: (16) 260-8372
E-mail: dmwo@power.ufscar.br

Na área da Saúde da Criança, o projeto da entidade se destaca pela implementação de ações de promoção, proteção e apoio ao aleitamento materno nas unidades básicas de saúde de São Carlos, visando aumentar a prevalência da amamentação entre as mulheres do município. Isso é feito por meio de atividades educativas com gestantes atendidas nas unidades básicas de saúde do município, de orientação ambulatorial para mulheres em aleitamento e formação de agentes promotores de aleitamento materno.

F

FAO – ORGANIZAÇÃO DAS NAÇÕES UNIDAS PARA A AGRICULTURA E O ABASTECIMENTO

Atuação: Internacional
Endereço: Eixo Monumental Via S-1, Campus do INMET – Setor Sudoeste, Brasília, DF, Cep 70359 -970
Fone: (61) 343-2299
Fax: (61) 343 -2550
E-mail: fao-bra@fao.org
Site: www.rlc.fao.org/paises/brasil.htm
Fundada em 1945, a FAO foi constituída com o intuito de fomentar respostas concretas para diminuir a fome, a desnutrição e a pobreza no mundo, levando assistência técnica aos países em desenvolvimento. Tem como objetivo último contribuir para aprimorar a agricultura e elevar os níveis nutricionais e de vida dos povos. A FAO se articula por meio de oficinas regionais que mantêm contato permanente com as realidades vivenciadas pelos países que as integram. O Brasil faz parte da Oficina Regional para a América Latina e Caribe, cuja sede situa-se em Santiago, Chile.

FUNAC – FUNDAÇÃO DA CRIANÇA E DO ADOLESCENTE DO MARANHÃO

Atuação: São Luis, MA
Endereço: Av. Vitorino Freire s/n – Praia da Madre de Deus, São Luís, MA, Cep 65031-410
Fone: (98) 232-6484
Fax: (98) 232-6484
E-mail: funac@funac.ma.gov.br/funac.ma@elo.com.br
Site: www.funac.ma.gov.br
A Funac desenvolve diversos projetos que têm como alvo a proteção da saúde e o desenvolvimento integral da criança e das famílias. Exemplo é o Projeto Cuidar, apoiado pelo Unicef, cujo foco está na prevenção, evitando que crianças negras sejam expostas à violência, em quaisquer circunstâncias, e possam crescer e se desenvolver de forma sadia. O projeto busca ainda fortalecer a cidadania entre as famílias, fomentando na comunidade práticas de cuidados com as mães e crianças de 0 a 6 anos. O objetivo primeiro é promover entre a população local e as lideranças comunitárias o reconhecimento de que a melhora das condições de vida da mulher e da criança traz benefícios para toda a comunidade. O Projeto Cuidar, no período de janeiro a novembro de 2001, atendeu 161 crianças de 0 a 6 anos e 102 mulheres, mães de um universo de 250 famílias das comunidades negras.

FUNDAÇÃO ANTONIO PRUDENTE – CENTRO DE TRATAMENTO E PESQUISA DO HOSPITAL DO CÂNCER A.C. CAMARGO

Atuação: Nacional
Endereço: Rua Professor Antonio Prudente, 211 – Liberdade, São Paulo, SP Cep 01509-010
Fone: (11) 3272-5000
Fax: (11) 3272-5088
E-mail: cbponc@sti.com.br
Site: www.hcancer.org.br
Pioneiro na implantação da pediatria oncológica no Brasil, o Hospital do Câncer A.C. Camargo alcança hoje 70% de cura em crianças com tumores malignos ou leucemias, sucesso obtido graças à aposta em tratamento multidisciplinar. A equipe da pediatria, que conta com UTI-Pediátrica desde 1997, é composta de médicos com residência em pediatria e terapia intensiva pediátrica. O hospital conta ainda com serviço de assistência nutricional voltado especificamente às crianças internadas e de ambulatório. O objetivo é oferecer suporte nutricional adequado, visando amenizar os efeitos do tratamento. Por meio de reuniões periódicas denominadas de "Grupo de Pais", busca-se auxiliar os familiares de pacientes com câncer, dando esclarecimentos sobre todas as questões que envolvem a doença.

FUNDAÇÃO ORSA

Atuação: Nacional
Endereço: Av. Dep. Emílio Carlos, 821 – Carapicuíba , SP, Cep 06310-160
Fone: (11) 4181-2232
E-mail: gsouza@fundacaoorsa.org.br

Site: www.fundacaoorsa.org.br
A Fundação Orsa tem por objetivo ajudar crianças e jovens em situação de risco pessoal e social, auxiliando-as a ocupar seu lugar na sociedade como cidadãos íntegros. Atua de forma direta, dando apoio financeiro a técnicos e entidades do Terceiro Setor, e também na formação de profissionais e especialistas. Busca incentivar, por meio de seus projetos, como o Formação, a inserção social de crianças em situação de risco e o seu desenvolvimento físico, emocional e psíquico com atividades educativas, esportivas e artísticas.

G

GRUPO VIVA RACHID

Atuação: Recife, PE
Endereço: Rua dos Prazeres 258 – Boa Vista, Recife, PE, Cep 500.070-570
Fone: (81) 3221-6206
E-mail: grupovivarachild@ig.com.br
Projeto de apoio a crianças portadoras do vírus da Aids. Proporciona às crianças soropositivas assistência psicológica, médica e pedagógica, além de um ambiente alegre e seguro. No Grupo Viva Rachid, crianças portadoras do vírus recebem alimentação balanceada, medicação, acompanhamento psicológico e pedagógico. Como forma de entretenimento, o grupo realiza leitura de histórias infantis e distribuição de material de pintura para as crianças. As famílias de crianças soropositivas também são atendidas e recebem orientação.

I

IBFAN BRASIL – REDE INTERNACIONAL PELO DIREITO DE AMAMENTAR

Atuação: Internacional
Endereço: C. Postal 34 – Paraguaçu Paulista, SP, Cep 19700-970
Fonefax: (11) 3361-6637
E-mail: coordenacao@ibfan.org.br
Site: www.ibfan.org
A Ibfan, uma rede que une pessoas interessadas em trabalhar pela saúde infantil, está presente em mais de 70 países. Seus objetivos específicos são os de coordenar os esforços de proteção ao aleitamento materno, compartilhar informações sobre o assunto e aumentar a consciência mundial no que diz respeito à importância da amamentação e aos perigos potenciais da alimentação artificial na infância. A Ibfan atua também na sensibilização das autoridades internacionais (especialmente OMS e Unicef) e nacionais quanto à implementação do Código Internacional de Comercialização de Substitutos do Leite Materno e das Resoluções ligadas ao dispositivo. No Brasil, a rede tem uma coordenação nacional sediada em São Paulo e coordenações locais em 28 cidades do País. As coordenações locais são compostas por profissionais ligados a organizações não-governamentais de defesa da cidadania, a grupos de incentivo da amamentação e a serviços de saúde.

INSTITUTO AYRTON SENNA

Atuação: Nacional
Endereço: Rua Olavo Egídio, 287, 16º andar – São Paulo, SP, Cep 02037-000
Fone: (11) 6974-3000
Fax: (11) 6950-8007
E-mail: ias@ias.org.b
Site: www.senna.org.br
Assessoria de imprensa: Mariângela Devienne
E-mail: comunicacao@ias.org.br
O Instituto Ayrton Senna é uma organização não-governamental sem fins lucrativos, com sede em São Paulo, e ações de abrangência nacional. Sua missão é contribuir para a criação de condições e oportunidades para que todas as crianças e adolescentes possam desenvolver plenamente o seu potencial como pessoas e cidadãos. Um de seus programas voltados para a área da saúde da criança é o Brinquedotecas Terapêuticas, que funciona junto a hospitais de oncologia infanto-juvenil. Ele tem como objetivo central, por meio da terapia do lúdico, amenizar o sofrimento de crianças e

adolescentes com enfermidades, tornando-os mais receptivos aos tratamentos e compreensivos às transformações corporais por que passam, favorecendo a melhoria da qualidade de vida durante e após o tratamento.

INSTITUTO DA CRIANÇA DO HOSPITAL DAS CLÍNICAS DA FACULDADE DE MEDICINA DA UNIVERSIDADE DE SÃO PAULO

Atuação: São Paulo, SP
Endereço: Av. Dr. Eneas Carvalho de Aguiar, 647 – São Paulo, SP, Cep 05403-900
Fone: (11) 3069-8582
Fax: (11) 3069-8503
Site: www.icr.hcnet.usp.br
Assessoria de imprensa: Cláudia Gouveia
Fone: (11) 3069-8507
O Instituto da Criança desenvolve atividades que integram os seguintes centros: a área de pediatria do Hospital Universitário da Universidade de São Paulo (USP), o Instituto da Criança do Hospital das Clínicas da USP, o berçário e a maternidade do Instituto Central do Hospital das Clínicas da USP, bem como diversas creches e escolas localizadas no bairro do Butantã. As atividades são sempre articuladas e regidas pela filosofia da atenção integral ao recém-nascido, criança e adolescente. Com o objetivo de humanizar o atendimento médico oferecido, foram implementados quatro projetos que estimulam os sentidos e a criatividade das crianças.

IPHEM – INSTITUTO DE PESQUISAS HELOISA MARINHO

Atuação: Nacional
Endereço: Rua Ministro Octávio Kelly, 453 – Icaraí, Niterói, RJ, Cep 24220-300
Fone: (21) 2714 4584
Fax: (21) 2710 2416
E-mail: milanez@antares.com.br
Site: www.iphem.com.br
O Iphem, organização civil sem fins lucrativos, foi fundado em 1984 pela pesquisadora brasileira Heloisa Marinho (1904-1994) visando a promoção do desenvolvimento humano, em geral, e da criança e do adolescente, em particular. Para tanto, tem como objetivo a realização de pesquisas, projetos e programas nas áreas de saúde, educação e ciências sociais, produzindo metodologia de avaliação e acompanhamento do desenvolvimento infantil nessas áreas. Entre as instituições com as quais o Iphem já estabeleceu cooperação técnica e realizou consultorias e cursos, na área da saúde infantil e do desenvolvimento da criança, destacam-se: Unicef (vários projetos, incluindo crianças vítimas de guerra na África, de 1986 a 1992), Unesco (cursos), Ministérios da Saúde e da Educação de Moçambique, Ministério da Educação de Angola (Educação Especial); Ministério da Saúde do Brasil e diversas Secretarias Estaduais e Municipais de Saúde e Educação.

L

LABORATÓRIOS INTEGRADOS DE PSIQUIATRIA INFANTIL E SÁUDE MENTAL – PROJETO PSIQUIATRIA SEM PAREDES DA UFF

Atuação: Nacional
Endereço: Avenida Jansen de Mello, 174 – Centro, Niterói, RJ
Fonefax: (21) 2622-4530
E-mail: jwerne3@attglobal.net
Site: www.iphem.com.br
Esse projeto do Departamento Materno Infantil da Faculdade de Medicina da Universidade Federal Fluminense (UFF), além de atendimento em saúde mental (prevenção, avaliação, orientação e tratamento), desenvolve atividades de grupo com crianças que apresentem dificuldades emocionais, de comportamento e de aprendizagem. Realiza ainda trabalhos em creches, com foco em ações básicas de saúde, de desenvolvimento integral da criança e de prevenção do uso de drogas e da violência.

LACRI – LABORATÓRIO DE ESTUDOS DA CRIANÇA

Atuação: Nacional e Internacional
Endereço: Av. Prof. Mello Morais, 1721 – Cidade Universitária, São Paulo, SP, Cep 05508-900
Fone: (11) 3091-4383
Fax: (11) 3091-4475
E-mail: lacri@sti.com.br
Site: www.usp.br/ip/laboratorios/lacri
O Lacri oferece anualmente o Telecurso de Especialização na área da Violência Doméstica contra crianças e adolescentes. Informações completas sobre o projeto podem ser obtidas no site do Lacri, no link para o Programa Anual de Capacitação Profissional. Desenvolve também o Programa Plurianual de Pesquisa, que produz estudos sobre o tema, também disponíveis no site da entidade.

N

NÚCLEO DE ESTUDOS DE VIOLÊNCIA CONTRA A CRIANÇA E O ADOLESCENTE DA SOCIEDADE DE PEDIATRIA DE SÃO PAULO

Atuação: São Paulo, SP
Endereço: Alameda Santos, 211, conjs. 501, 502, 511 e 512 – Cerqueira César, São Paulo, SP, Cep 01419 -000
Fone: (11) 3284-9809/0308
E-mail: pediatria@spsp.org.br
Site: www.sbsp.org.br
Assessoria de Imprensa: Luiz Laerte Fontes
E-mail: llfontes@terra.com.br
O núcleo é formado por grupo multiprofissional que pretende elaborar protocolos para uniformizar o tratamento de casos de violência contra crianças e adolescentes, buscando a homogeneidade da linguagem utilizada e da orientação no encaminhamento a tratamentos especializados. O grupo conta com vários profissionais de diferentes áreas, tentando unificar, em São Paulo, a assistência em casos de violência infantil, prestando consultoria a diversos hospitais. São cerca de trinta profissionais entre pediatras, ginecologistas, psicólogos, assistentes sociais e jornalistas.

NÚCLEO DE ESTUDOS E PESQUISA DA EDUCAÇÃO DE 0 a 6 ANOS DA UNIVERSIDADE FEDERAL DE SANTA CATARINA

Atuação: Florianópolis, SC
Endereço: Campus Universitário, s/n – Trindade, Florianópolis, SC, Cep 88040-900
Fone: (48) 331-8918
Fax: (48) 331-9432
E-mail: neeo6@ced.ufsc.br
Site: http://www.ced.ufsc.br/~neeoa6
O núcleo congrega amplo grupo de alunos de graduação, mestrado e doutorado, professores e pesquisadores, todos dedicados ao estudo do desenvolvimento infantil. O grupo atua junto à creche universitária para ações de pesquisa e extensão. Mantém um banco de dados da produção brasileira sobre educação infantil.

O

OAK EDUCAÇÃO E MEIO AMBIENTE LTDA

Atuação: Nacional
Endereço: Av. São Gabriel, 18 – Itaim Bibi, São Paulo, SP, Cep 01435 -000
Fone: (11) 3884-7444
Fax: (11) 3884-7772
E-mail: oak@oak.bio.br
Site: www.oak.bio.br
A OAK Educação e Meio Ambiente é uma empresa fundada em 1998 por um grupo de profissionais oriundos da Universidade de São Paulo que desenvolve vários produtos voltados especificamente para a criança, muitos deles contemplando a saúde e o desenvolvimento integral. A atuação da empresa é focada no desenvolvimento de projetos e materiais em educação e meio

ambiente, dentro de quatro áreas prioritárias: biodiversidade, microbiologia, biotecnologia e engenharia ambiental.

OMS - ORGANIZAÇÃO MUNDIAL DA SAÚDE
OPAS - ORGANIZAÇÃO PANAMERICANA DA SAÚDE

Atuação: Internacional
Endereço: Setor de Embaixadas Norte, lote 19 – Brasília, DF, Cep 70800-4000
Fone: (61) 426-9595
Fax: (61) 426-9591
Site: www.opas.org.br
Assessoria de Imprensa: Carlos Wilson
E-mail: carlosw@bra.ops-oms.org

A Organização Pan-Americana da Saúde é um organismo internacional com quase um século de experiência, dedicado a melhorar as condições de saúde dos países das Américas. Ela também atua como escritório regional da Organização Mundial da Saúde (OMS) para as Américas e faz parte dos sistemas da Organização dos Estados Americanos (OEA) e da Organização das Nações Unidas (ONU). A OPAS estabeleceu a meta de salvar 25.000 vidas de crianças por ano, mediante a mobilização dos necessários recursos políticos, institucionais e financeiros para programas de prevenção e tratamento. A erradicação do sarampo também é uma meta da OPAS, mediante um rigoroso calendário de vacinação, tendo por alvo as crianças de nove meses a 14 anos de idade.

P

PASTORAL DA CRIANÇA

Atuação: Nacional
Endereço: Rua Jacarezinho, 1691 – Bairro Mercês, Curitiba, PR, Cep 80810-900
Fone: (41) 336-0655
Fax: (41) 336-9940
E-mail: comunic@rebidia.org.br
Site: www.pastoraldacrianca.org.br

Com o status de uma das mais importantes organizações comunitárias em todo mundo, a Pastoral conta com ações centradas nas áreas de saúde, nutrição e educação da criança, desde o ventre materno até os seis anos de vida, e de prevenção da violência no ambiente familiar. O envolvimento direto das famílias e da comunidade, que instiga a formação de redes de solidariedade humana para multiplicar conhecimentos e saber, é apontado como o ponto forte da Pastoral. A iniciativa está presente em todas as regiões brasileiras desde setembro de 1983, quando iniciou suas atividades no município de Florestópolis, no Paraná, desenvolvendo uma metodologia própria que tem como foco o cuidado com a criança em seu contexto familiar e comunitário. Buscando orientar constantemente as famílias, a Pastoral da Criança produz o programa de rádio semanal "Viva a Vida". Transmitido gratuitamente por 1.343 emissoras do País inteiro, veicula temas como saúde, nutrição, educação, direitos, organização comunitária e outros de interesse desse público, muitos deles voltados especificamente para a saúde da criança.

PROGRAMA INTERNACIONAL PARA A ERRADICAÇÃO DO TRABALHO INFANTIL /OIT

Atuação: Internacional
Endereço: Setor de Embaixadas Norte, lote 35 – Brasília, DF, Cep 70800-400
Fone: (61) 426-0100
Fax: (61) 322-4352
E-mail: brasília@oitbrasil.org.br
Site: www.oit.org/brasilia
Assessoria de Imprensa: Neri Accioly
E-mail: iagencia@interagencia.com.br

O Programa Internacional para a Eliminação do Trabalho Infantil – IPEC, ligado à Organização Internacional do Trabalho – OIT, foi criado em 1992 e desde então desenvolve ações no Brasil. Atua em mais de 70 países com o intuito de prestar serviços de assistência técnica para ação no campo do trabalho infantil e para a implementação das Convenções da OIT que tratam sobre o tema (138 e 182). O objetivo do Programa é contribuir para a efetiva abolição do trabalho infantil e para tal estabelece parcerias com os governos federal, estadual e municipal, associações de empregadores, empregados e organizações não-governamentais para o desenho de modelos de intervenção, elaboração de estudos, campanhas, entre outros, com vistas a subsidiar a construção de um Plano Nacional de Combate ao trabalho infantil.

PROGRAMA MÃE CURITIBANA – SECRETARIA DE SAÚDE DE CURITIBA (PR)

Atuação: Curitiba, PR
Endereço: Av. Sete de Setembro, 3497 – Curitiba, PR, Cep 80230-010
Fone: (41) 322-4222
Fax: (41) 225-7813
E-mail: sms@smscuritiba.pr.gov.br
Site: www.curitiba.pr.br
Assessoria de Imprensa: Fabiano Braga Cortes
Fonefax: (41) 254 6036

O Programa Mãe Curitibana surgiu em 1999 para melhorar o acesso e a qualidade do atendimento às gestantes, bem como a atenção dispensada aos bebês nas unidades de saúde e nas maternidades da cidade. As atividades estão centradas em consultas e exames pré-natais; fornecimento de vacinas, medicamentos e leite para complementar a alimentação; consultas após o nascimento e acompanhamento domiciliar de agentes de saúde.

PROGRAMA REZAS E SORO – SECRETARIA DE SAÚDE DE MARANGUAPE (CE)

Atuação: Maranguape, CE
Endereço: Rua Mundica Paula, s/n – Centro, Maranguape, CE, Cep 61940 -000
Fone: (85) 369-9129/9134
Fax: (85) 341-9031
E-mail: l2001eoval@aol.com

O principal objetivo do projeto Rezas e Soro é reduzir a mortalidade infantil causada por diarréia na região. Parceria entre o saber científico e a reza no combate à mortalidade infantil, permite que profissionais da área de saúde e rezadores troquem experiências para salvar vidas. Os rezadores recebem orientações básicas na área nutricional e *kit* de terapia de reidratação oral, constituído de filtro, jarra, copos, colher-medida de soro caseiro e sais reidratantes. A fácil e respeitada circulação dos rezadores entre as famílias da comunidade promove o alto e positivo impacto do projeto, oferecido, sobretudo, a crianças menores de um ano.

S

SOCIEDADE VIVA CAZUZA

Atuação: Rio de Janeiro, RJ
Endereço: Rua Pinheiro Machado 39 – Laranjeiras, Rio de Janeiro, RJ, Cep 22231-090
Fone: (21) 2551-5368
Fax: (21) 2553-0444
E-mail: vivacazuza@vivacazuza.org.br
Site: www.vivacazuza.org.br/index.asp

Com uma equipe de funcionários e voluntários, formada por especialistas em HIV/Aids, psiquiatras, neurologistas, otorrinos, dermatologistas, oftalmologistas, psicoterapeutas, educadores, pedagogos, fisioterapeutas, fonoaudiólogos, dentistas, assistentes sociais, nutricionista, supervisores, auxiliares de enfermagem, babás, entre outros, a Sociedade Viva Cazuza firmou-se como entidade-referência em Aids pediátrica no Brasil. Toda a equipe passa por um treinamento especial e humanizado, com o objetivo de minimizar o preconceito em relação ao HIV positivo. No site da entidade, estão disponíveis os resumos de coberturas de congressos, publicações, notas técnicas e revisões científicas sobre o assunto, além da seção *Pergunte ao especialista*, que conta com médicos capacitados para esclarecer dúvidas daqueles que convivem com o vírus HIV e a Aids. O site conta ainda com fórum de discussões virtuais.

SORRI – BRASIL

Atuação: São Paulo
Endereço: Rua Benito Juarez, 70 – Vila Mariana, São Paulo, SP, Cep 04018-060

Fone: (11) 5082-3502
E-mail: sorribrasil@sorri.com.br
Site: http://www.sorri.com.br
Apoiado pelo Unicef, com recursos do programa Criança Esperança, o trabalho da Sorri-Brasil visa a inclusão social de crianças com deficiências. A sensibilização de toda a comunidade atendida tem ênfase no diálogo com a família. O trabalho influenciou a Prefeitura de São Paulo a determinar a reserva de 5% das vagas das creches municipais para esses meninos e meninas. Isso vem possibilitando a mudança positiva dessas instituições, que, muito comumente, são meros depósitos de crianças. Entre os vários exemplos, tem-se a creche Antônio Correia, situada entre duas favelas no bairro da Freguesia do Ó, em São Paulo. Com refeições balanceadas, os mais de 170 meninos e meninas atendidos brincam em local amplo e limpo, com brinquedos de qualidade.

U

UFPA – UNIVERSIDADE FEDERAL DO PARÁ

Atuação: Pará
Endereço: Campus Universitário do Guamá, Rua Augusto Corrêa, 01 – Belém, PA, Cep 66075-110
Fone: (91) 211-2121/211-1577
Site: www.ufpa.br
A Universidade Federal do Pará é a maior do Norte do Brasil. Conta com dois hospitais e desenvolve trabalhos ligados à saúde da infância em vários departamentos. Alguns dos projetos:
Departamento de Assistência Materno Infantil I – Desenvolve projeto de extensão que oferece assistência médica na área de ginecologia infanto-juvenil (atende pacientes de zero a 17 anos), realizado na Fundação Santa Casa de Misericórdia do Pará.
Pé Torto Congênito – O ambulatório de ortopedia pediátrica do Hospital Bettina Ferro atende em média 100 crianças/mês, todas portadoras de diversas patologias ortopédicas e com seqüelas de patologias neurológicas. O grupo de Pé Torto Congênito trabalha há sete anos com protocolos de exames e cirurgia, em conjunto com o Hospital Infantil Santa Terezinha.
Proame – Programa de Apoio e Incentivo ao Aleitamento Materno Exclusivo – O Hospital Bettina Ferro desenvolve esse programa para acompanhar o crescimento e desenvolvimento das crianças com até um ano de vida. O público-alvo são mães e bebês que vivem nas áreas próximas ao campus da UFPA, como o bairro do Guamá, um dos mais pobres da capital paraense.
Programa de Assistência aos Portadores de Fibrose Cística – O Ambulatório 1° Oeste atende crianças portadoras de fibrose cística (doença genética, incurável, que ataca severa e progressivamente os pulmões), oferecendo consultas, internação, apoio psicossocial e distribuição de medicamentos assegurados com recursos do Ministério da Saúde.

UFPE – UNIVERSIDADE FEDERAL DE PERNAMBUCO

Atuação: Recife, PE
Endereço: Pró-Reitoria de Extensão, Centro de Ciências da Saúde Av. Professor Moraes Rego, s/n – Cidade Universitária, Recife, PE, Cep 50670-901
Fone: (81) 3271-8635
Fax: (81) 3271-8132
Fone: (81) 3271-9024 / 3271-8025
E-mail: ascom@npd.ufpe.br
Entre os vários projetos realizados pela área de saúde da criança da Universidade Federal de Pernambuco, três se destacam:
Ami–Aleitamento Materno Integrado – Atende mulheres do bairro de Brasilit, no Recife, orientando mães e gestantes sobre a importância e as vantagens do aleitamento materno.
Programa de Atenção Odontológica Precoce para Crianças de Zero a 12 Meses e Promoção da Saúde Oral para Crianças de Três a 12 Anos – Presta atendimento odontológico a crianças de comunidades em situação de risco social em Pernambuco. Além do teor curativo, a iniciativa tem forte foco em ações preventivas, por meio da orientação dos pais ou responsáveis para cuidados com a saúde bucal das crianças.
Tratamento e Controle da Anemia da Infância – Leva às creches orientações para pais, responsáveis e tutores sobre o problema da

anemia. As crianças são atendidas, diagnosticadas e tratadas de acordo com suas necessidades individuais.

UNICEF – FUNDO DAS NAÇÕES UNIDAS PARA A INFÂNCIA

Atuação: Internacional
Endereço: SEPN 510, Bloco A, Ed. INAN, 2º andar – Brasília, DF, Cep 70750-521
Fone: (61) 3035-1900
Fax: (61) 349-0606
E-mail: brasilia@unicef.org
Site: www.unicef.org.br
Assessoria de Imprensa: Rachel Mello
E-mail: rmello@unicef.org

O objetivo maior do Unicef é garantir os direitos das crianças e adolescentes, como previsto na Convenção dos Direitos da Criança. Para tanto, trabalha em parceria com os governos municipais, estaduais e federal, com outras agências do sistema ONU, com a sociedade civil e com o setor privado para realizar projetos e apoiar políticas públicas que defendam e promovam esses direitos infanto-juvenis, implementando e inspirando políticas públicas. O foco das ações está no apoio de projetos, desenvolvidos por organizações não-governamentais ou governamentais, que ofereçam soluções locais aos problemas vivenciados pelas comunidades. Atualmente, a proposta de trabalho do Unicef é organizada segundo as três principais fases do ciclo da infância e adolescência, tendo sido criado, para cada fase, um programa de garantia do desenvolvimento integral da criança e do adolescente. O programa de Desenvolvimento Infantil visa crianças de até 6 anos e tem como metas principais: a redução da mortalidade materna e infantil, o acesso ao pré-natal e ao parto de qualidade, o aleitamento materno, o registro civil gratuito, o acesso aos cuidados essenciais e o fortalecimento das competências familiares, comunitárias e governamentais para o desenvolvimento integral adequado.

ESPECIALISTAS

A

ANTÔNIO CARLOS CARVALHO

Área de atuação: Cardiologista pediatra, especialista em casos de insuficiência cardíaca e cardiopatias congênitas. Atende crianças na Universidade Federal de São Paulo-Unifesp. É professor titular de cardiologia na Unesp e na própria Unifesp.
Formação: Formado em medicina em 1972, na Universidade Estadual de São Paulo-Unesp, em Botucatu. Especialização em cardiologia pela Universidade da Califórnia, EUA.
Fone: (11) 5573-3009 e 9973-6310
E-mail: carvalho.dmed@hotmail.com

ANTÔNIO SÉRGIO PETRILLI

Área de atuação: oncologia pediátrica
Formação: Graduação em medicina pela Universidade Estadual de Campinas-Unicamp, com especialização em pediatria, cancerologia e oncologia pediátrica.
Trabalhos acadêmicos
Tumores ósseos malignos em crianças e adolescentes. Revista Diagnóstico e Tratamento vol 5 (3) - 2000(com Caran, EM).
Terapia nutricional em oncologia pediátrica. Revista Pediatria Moderna vol 37(9) - 2001 (com Garofolo, A e Lopez, FA)
Fone: (11) 5080-8475/3845-7930
Fax: (11) 5080-8480
E-mail: iopepm@dialdata.com.br
Site: www.graacc.org.br

ARY LOPES CARDOSO

Área de atuação: Faculdade de Medicina da Universidade de São Paulo-USP. nas áreas de nutrição e metabolismo. É presidente do departamento de nutrição da Sociedade de Pediatria de São Paulo e professor de pós-graduação na USP. Atua em diversas áreas da nutrição infantil: crianças obesas, transplantadas

(principalmente de fígado), com câncer e com problemas neurológicos (o que acarreta dificuldades para a alimentação).
Formação: Formado em medicina, concluiu mestrado com tese sobre metabolismo e doutorado com dissertação sobre desnutrição e diarréia aguda em crianças.
Fone: (11) 4617-3767/3768
E-mail: arylc@netpoint.com.br

B

BEATRIZ DE CAMARGO

Área de atuação: Oncologista pediátrica, é chefe do departamento de pediatria do Hospital do Câncer da Fundação Antônio Prudente, em São Paulo, coordenadora do grupo brasileiro que estuda o Tumor de Wilms (tumor renal com grande incidência em crianças), e presidente continental da América Latina da Sociedade Internacional de Oncologia Pediátrica.
Formação: Doutora em medicina pela Faculdade de Medicina da Universidade de São Paulo-USP.
Fone: (11) 3272-5000 R1027/3272-5166
E-mail: cbponc@sti.com.br

C

CECÍLIA MARIA LIMA DA COSTA

Área de atuação: Médica titular do departamento de pediatria do Hospital do Câncer da Fundação Antônio Prudente, em São Paulo, e membro do Comitê do Protocolo Brasileiro de Sarcoma de Ewing (tumor ósseo que afeta principalmente crianças e adolescentes de 10 a 18 anos).
Formação: Mestre em ciência pela Fundação Antonio Prudente, em São Paulo, com formação em oncologia pediátrica.
Fone: (11) 3272-5000 / 3272-5166
E-mail: cbponc@sti.com.br

CÉLIA BEATRIZ GIANOTTI ANTONELI

Área de atuação: É médica titular do departamento de pediatria do Hospital do Câncer, em São Paulo.
Formação: Oncologista Pediátrica
Assessoria de Imprensa do Hospital do Câncer – (11) 3097-9626

D

DENISE MARIA MACIEL LEÃO

Área de atuação: Psicóloga, coordenadora da área de intervenção do Comitê da Primeira Infância no qual elabora metodologias de intervenção em favor da criança.
Formação: É psicóloga e mestre em educação pela Universidade Federal do Ceará (UFC).
Fone: (61) 411-4901/4753
Fax: (61) 226-1615
E-mail: deniseleao@planalto.gov.br/denise@unb.br

DIVA DE LOURDES AZEVEDO FERNANDES

Área de atuação: Especialista em aleitamento materno. Membro da Comissão de Identificação e Prevenção da Secretaria de Saúde do Ceará. Integrante da Comissão de maus-tratos do Hospital Infantil Albert Sabin, no Ceará. Monitora do programa Atenção Integral às Doenças Prevalecentes da Infância–AIDPI.
Formação: Pediatra formada pela Faculdade de Medicina de Campina Grande, na Paraíba. Residência em pediatria no Hospital Albert Sabin, em 1979, onde trabalha desde então.
Fone: (85) 9985-1499/224-2463
E-mail: diva@saude.ce.gov.br

E

ELISABETTA RECINE

Área de atuação: Promoção da alimentação e hábitos alimentares saudáveis e capacitação de profissionais da atenção básica em

alimentação e nutrição. É supervisora técnica da coordenação geral da política de alimentação e nutrição do Ministério da Saúde e professora adjunta da Universidade de Brasília.
Formação: Nutricionista e doutora em saúde pública.
Fone: (61) 448-8231/307-2508
Fax: (61) 448-8228
E-mail: recine@saude.gov.br

ELIZABETH ENGERT MILWARD LEITÃO

Área de atuação: É assessora junto à Secretaria Nacional de Políticas da Saúde (Ministério da Saúde), atuando no Comitê da Primeira Infância, no qual desenvolve metodologias para a integração de programas, ações e políticas direcionadas às crianças de até seis anos de idade.
Formação: É psicóloga e mestre em filosofia pela Universidade Federal de Minas Gerais-UFMG. Nos últimos dez anos, tem se dedicado à área de Pesquisa Social Aplicada a Políticas Sociais.
Trabalhos acadêmicos: *Programa Bolsa-Escola de Belo Horizonte: Transferência de renda, proteção social e construção de direitos*, in Cultura Vozes - N. 2, Ano 96, vol. 96, Março-Abril 2002, p. 29-38.
Fone: (61) 429-3560
Fax: (61) 223-4889
E-mail: bethleitao@ig.com.br/ elizabeth.leitao@mj.gov.br

ELZA GUILIANE

Área de atuação: É presidente do departamento de aleitamento materno da Sociedade Brasileira de Pediatria-SBP e consultora internacional sobre lactação, com várias publicações na área. Leciona e realiza pesquisas na Universidade Federal do Rio Grande do Sul-UFRGS.
Formação: Formada em medicina, em 1976, pela Universidade Federal do Rio Grande do Sul, com mestrado e doutorado no Hospital das Clínicas da Universidade de São Paulo. Possui, ainda, pós-doutorado na Inglaterra e nos EUA.
Fone: (51) 33336-0282/9986-5377
Fax: (51) 3316-5119
E-Mail: elzag@vortex.ufrgs.br

EUGÊNIA AUGUSTA GONZAGA FÁVERO

Área de atuação: Defesa de direitos de crianças e adolescentes, com ações específicas na área das pessoas portadoras de deficiência. É professora da Faculdade de Direito de São Bernardo do Campo e membro do Instituto de Estudos sobre Direito e Cidadania. É também Procuradora da República em São Paulo.
Formação: Bacharel pela Faculdade de Direito de São João da Boa Vista, em São Paulo.
Fonefax: (11) 3269 5004
E-mail: eugeniagabinete@prsp.mpf.gov.br
Site: www.prsp.mpf.gov.br

F

FÁTIMA DINIS RIGATO

Área de atuação: Coordenadora administrativa do Projeto Quixote desde agosto de 1997, atua diretamente na área de pediatria da entidade. É supervisora da unidade municipal de atendimento à farmacodependência da Unidade Jabaquara desde março de 2000 e supervisora de equipes de técnicos e funcionários da Febem desde agosto de 2000
Formação: Graduação em medicina pela Universidade Federal de São Paulo-Unifesp, com residência médica em pediatria e especialização em oncopediatria, farmacodependência e alcoolismo. Concluiu mestrado em psiquiatria na Unifesp.
Fone: (11) 5572-8433 e 5904-3524
E-mail: quixote@psiquiatria.epm.br

FLAVIO LUIZ SCHIECK VALENTE

Área de atuação: Desenvolve trabalhos com ênfase na prevenção e reabilitação da desnutrição infantil. Foi assessor técnico da presidência do Conselho Nacional de Segurança Alimentar e coordenador do programa Criança contra a Fome e pela Vida. Em 2001, foi consultor do Unicef em programas de redução da desnutrição e mortalidade infantil junto ao governo de Alagoas.
Formação: Médico graduado pela Universidade de São Paulo em

1972 e mestre em saúde pública e nutrição pela Harvard School of Public Health.

Trabalhos acadêmicos: *Fome e Desnutrição-Determinantes Sociais*.Cortez Editora, São Paulo, 1986.

Do combate à Fome à Segurança Alimentar e Nutricional: o Direito à Alimentação Adequada. R. Nutr. PUCCAMP, Campinas. 10 (1): 20-36, jan.jun, 1997

Alimentação e Nutrição Adequada - Direito Humano de Todos. Cortez Editora, São Paulo, 2002.

Fone: (61) 272-8294 / 9978-9822
E-mail: flvalente@tecnolink.com.br

FRANCISCA OLIVEIRA ANDRADE

Área de atuação: Coordenadora do Programa de Redução da Mortalidade Infantil no Ceará (1987-1991). Durante esse período, implantou programa de capacitação em saúde da criança para profissionais da rede pública de saúde. Foi consultora do Unicef para área de saúde da criança e presidente da Febem no Ceará. Implantou um grande programa de creches comunitárias no estado. Foi vice-presidente da Sociedade Cearense de Pediatria e sub-secretária de saúde do Ceará.

Formação: Médica, com residência e especialização em pediatria e mestrado em saúde pública.

Fone: (85) 272-3205/ 488-2212
Fax: (85) 227-6666/ 488-2211
E-mail: tatiandrade@fortalnet.com.br

J

JAIRO WERNER

Área de atuação: Especialista em saúde mental e desenvolvimento infantil, é médico-professor adjunto de neuropsiquiatria infantil do departamento materno-infantil da Faculdade de Medicina da Universidade Federal Fluminense (UFF), no Rio de Janeiro, e professor de Educação Especial da Universidade do Estado do Rio de Janeiro (UERJ). Realiza pesquisas em desenvolvimento e aprendizagem da criança, álcool e outras drogas. Organizou e implantou, na UFF, a primeira disciplina de desenvolvimento infantil no currículo de medicina da faculdade.

Formação: Graduação em medicina pela Faculdade de Medicina da Universidade Federal Fluminense-UFF, no Rio de Janeiro. Doutorado em ciências médicas e saúde mental, pela Universidade Estadual de Campinas-Unicamp e mestrado em educação (trabalho sobre fracasso escolar nas camadas populares e o processo de medicalização dos problemas de escolaridade e comportamento).

Trabalhos acadêmicos:

Desenvolvimento da Criança - do biológico ao cultural. in: Novos Olhares sobre a Gestação e a Criança até os 3 anos. L.G.Editora Ltda. Brasília, 2002.

Interação Corpo-Mente no Neonato de Risco. Psicomotricidade Clínica. 01. Ed. Rio De Janeiro, 2001.

Fone: (21) 9971-5795/2711-2861/2719-2416
Fax: (21) 2710-2416
E-Mail: jwerne3@attglobal.net

L

LUIZ FERNANDO LOPES

Área de atuação: É oncologista pediátrico, médico titular do departamento de pediatria Hospital do Câncer A.C. Camargo, de São Paulo, membro do Comitê do Protocolo Brasileiro de Leucemia, coordenador do Grupo de Mielodisplasia (pré-leucemia nas crianças) e coordenador do Protocolo Brasileiro de Tumor de Células Germinativa.

Formação: Doutor em Medicina pela Universidade Estadual de Campinas-Unicamp.

Fone: (11) 3272-5000 R1027/3272-5166
E-Mail:cbponc@sti.com.br

M

MARIA JOSÉ MEDEIROS

Área de atuação: Consultora do Unicef para programas de redução de mortalidade infantil de 1985 a 1987. Oficial de projetos de saúde do Unicef desde 1987. Coordenadora de escritório do Unicef em São Luis, MA. Instrutora de curso de gestores de maternidade na iniciativa do Hospital Amigo da Criança e avaliadora/coordenadora credenciada pelo Ministério da Saúde da Área da Saúde Criança.

Formação: Médica, especialista em saúde pública, com formação na USP. Obteve ainda especialização em saúde materno-infantil pela Universidade Federal do Chile e em perionatologia, pelo Centro Latino-Americano de Perionatologia, em Montevidéu, Uruguai.

Assessoria de imprensa: Gisele Medeiros
Fone: (98) 231-8590
Fax: (98) 231-8590
E-mail: mjmedeiros@unicef.org/gdias@unicef.org

MAURO FISBERG

Área de atuação: Com ampla experiência na área de nutrição infantil, coordenou a área de monitoria pediátrica da Universidade Federal de São Paulo-Unifesp, bem como a pós-graduação interinstitucional em pediatria da Universidade Federal do Rio Grande do Norte e da Unifesp. Dirige ainda o Centro de Estudo e Pesquisa em Saúde e Nutrição da Universidade São Marcos, em São Paulo. Secretário Geral eleito da Sociedad Latino Americana de Investigación Pediátrica-SLAIP até 2002, é coordenador nacional do Projeto de Avaliação do Estado Nutricional e Anemia em Pré-escolares e do Grupo de Estudos em Nutrição e Atividade Física-Genaf.

Formação: Graduado em medicina pela Escola Paulista de Medicina (hoje Unifesp) em 1976, onde concluiu residência médica em pediatria em 1978.

Fone: (11) 5575-3875/5574-8697
Fax: (11) 5575-3875 /5574-8697
E-mail: fisberg@uol.com.br
Site: www.nutrociencia.com.br

P

PATRÍCIA IMPERATRIZ PORTO RONDINELLI

Área de atuação: É médica titular do departamento de pediatria do Hospital do Câncer A.C. Camargo, de São Paulo, coordenadora do Grupo Neuro-Oncologia Infantil e membro do Comitê do Protocolo Brasileiro de Osteossarcoma (também chamado de sarcoma osteogênico), tipo de tumor ósseo que atinge, principalmente, a população infanto-juvenil.

Formação: Oncologia Pediátrica.

Fone: (11) 3272-5000 R1027/3272-5166
E-mail:cbponc@sti.com.br

R

REJANE SANTANA

Área de atuação: Consultora em aleitamento materno para o Ministério da Saúde. Coordena a área de aleitamento materno no Ceará. Presidente do departamento científico de aleitamento materno da Sociedade Cearense de Pediatria-Socep. Assessora o *Projeto Carteiro Amigo*. Trabalha na capacitação de profissionais de saúde para que os hospitais do estado estejam estruturados, na parte física e humana, para receber o título de Hospital de Amigo da Criança. Coordenadora do Banco de Leite Humano do Hospital César Cales.

Formação: Pediatra formada pela Universidade Federal do Ceará em 1985, com especialização em aleitamento materno.

Fone: (85) 488-2085/2626 e 244-6725
Fax: (85) 426-0338
E-mail: rejane@saude.ce.gov.br

REINALDO MARTINS

Área de atuação: É assessor do Comitê de Imunizacão do Ministério da Saúde, coordenando estudos em sua principal área de atuação – vacinação –, com ações focadas nas áreas de reidratação oral, soro caseiro e aleitamento materno, em parceria com o Unicef e o Ministério da Saúde. Participante da diretoria da Sociedade Brasileira de Pediatria e do Conselho Acadêmico da entidade.
Formação: Pediatra.
Fone: (21) 2493-7213
Fax: (21) 2493-7213
E-mail: reinaldomm@ig.com.br

RENATA WAKSMAN

Área de atuação: Atua na área de acidentes, especificamente na prevenção e causas externas da violência na infância e na adolescência. É membro do Núcleo de Estudos de Violência Contra a Criança e o Adolescente da Sociedade de Pediatria de São Paulo-SPSP.
Formação: Médica formada pela Faculdade de Medicina de Santo Amaro-UNISA em 1982. Residência no Instituto da Criança da Faculdade de Medicina do Hospital das Clinicas da Universidade de São Paulo-USP.
Fone: (11) 554-6629
Fax: (11) 5543-4553
E-mail: hwaksman@uol.com.br

S

SILVIA REGINA BRANDALISE

Área de atuação: Foi chefe do Hospital de Pediatria e chefe do Serviço de Hematologia e Oncologia Pediátrica na Unicamp, onde coordena o Centro Integrado de Pesquisas Onco-Hematológicas na Infância. É presidente do Centro Infantil Boldrini.
Formação: Graduada em medicina pela Escola Paulista de Medicina, com especialização pela Sociedade Brasileira de Hematologia e doutorado pela Universidade Estadual de Campinas.
Fone: (19) 3787-5001
Fax: (19) 3289-3571
E-mail: silvia@boldrini.org.br
Site: www.boldrini.org.br

V

VERA CORDEIRO

Área de atuação: Fundadora do Setor de Medicina Psicossomática do Hospital da Lagoa no Rio de Janeiro. Atende como médica na área de serviços de pediatria e CTI infantil. Membro da Associação Brasileira de Psicossomática. Coordenou conferências sobre tratamentos psicossomáticos para a Associação Brasileira de Psicossomática. É a fundadora da Associação Saúde Criança Renascer e superintendente geral da entidade.
Formação: Graduada em medicina pela Universidade Federal do Rio de Janeiro-UFRJ em dezembro de 1975. No ano seguinte, especializou-se em nefrologia pela Faculdade Nacional de Medicina.
Fonefax: (21) 2286-9988/9654
Site: www.sade-crianca.org.br
E-mail: renascer@saude.org.br

ESTUDOS E PUBLICAÇÕES

A

A INFÂNCIA BRASILEIRA NOS ANOS 90

Autor: Unicef
Disponível no Unicef
Fone: (61) 3035-1900
E-mail: rmello@unicef.br
Site: www.unicef.org.br
Publicado em 1998 pelo Unicef, o livro traz uma análise das

conquistas no plano das condições de vida e da promoção e proteção dos direitos das crianças e dos adolescentes no decorrer da década de 90. Os capítulos 4 e 5, especificamente, focam o estudo nas questões da saúde e nutrição das crianças. Na parte da saúde da infância, é traçado um histórico da evolução do processo de declínio da mortalidade infantil da década de 60 a 90, e são evidenciadas as principais modificações que vêm se sedimentando no modelo de saúde prevalecente no País, a partir da implantação do SUS-Sistema Único de Saúde, que trouxe inovações como a articulação de programas como o de Agentes Comunitários de Saúde-PAC e de Saúde da Família-PSF com entidades como a Pastoral da Criança.

C

CRIANÇA QUERIDA: O DIA-A-DIA DAS CRECHES E JARDIM-DE-INFÂNCIA

Autor: Renate Keller Ignacio
Disponível na Associação Comunitária Monte Azul
Fone: (11) 5851-6754/0442
E-mail: loja@monteazul.org.br

É um dos livros referentes ao Projeto Textos Pedagógicos, da Associação Comunitária Monte Azul e financiado pela Unesco do Japão. Baseado na experiência pedagógica de creches e jardins-de-infância das favelas Monte Azul e Peinha (São Paulo) e no estudo da Pedagogia Waldorf.

E

ENVENENAR É MAIS PERIGOSO: UMA ABORDAGEM ETNOGRÁFICA?

Autores: Luiza Jane Eyre Xavier de Souza e Maria Grasiela Teixeira Barroso.
Cogitare de Enfermagem, 3 (1), 13-20, jan.-jun. 1998.

Disponível em: Biblioteca da Faculdade de Medicina da Universidade Federal de Minas Gerais (UFMG), pelo serviço de comutação bibliográfica - (31) 3248-9736.

O envenenamento (intoxicação exógena) é um dos principais acidentes domésticos entre menores de cinco anos. Está interligado a situações facilitadoras, ao estilo de vida da família, aos hábitos culturais e às fases de desenvolvimento da criança. Por meio de abordagem etnográfica (estudo de campo), as autoras analisaram o comportamento de oito famílias de crianças intoxicadas, na faixa de um a cinco anos, atendidas em um hospital público da Cidade de Fortaleza.

F

FATORES ASSOCIADOS À INTERNAÇÃO HOSPITALAR DE CRIANÇAS MENORES DE CINCO ANOS

Autores: Jozana do Rosário de Moura Caetano, Isabel Altenfelder Santos Bordin, Rosana Fiorini Puccini, et alli
Rev. Saúde Pública, jun. 2002, vol.36, nº.3 [citado 26 Setembro 2002], p.285-291.
Disponível em: *http://www.scielo.br/scielo.php?script=sci_arttext&pid=S0034-89102002000300005&lng=pt&nrm=iso*

Nos países em desenvolvimento, a infecção respiratória aguda é a principal causa de internação hospitalar de crianças menores de cinco anos. A precária condição de vida e a falta de acesso a serviços de saúde são fatores importantes na determinação dessa ocorrência. O estudo objetivou caracterizar a morbidade hospitalar (a capacidade de produzir doença num indivíduo ou num grupo de indivíduos) e identificar os fatores associados à hospitalização dessas crianças. Utilizou-se o banco de dados sobre condições de vida e saúde de crianças menores de cinco anos do município de Embu (SP). A amostra estudada totalizou 893 crianças. Os fatores associados à hospitalização incluíram baixo peso ao nascer, intercorrências neonatais, doença crônica, óbito de irmão menor de cinco anos, ser cuidado pela avó durante o dia, elevada densidade domiciliar e maior nível de escolaridade materna.

I

INFORMATIVO ADOTEI UM SORRISO
INFORMATIVO NOSSAS CRIANÇAS
INFORMATIVO PREFEITO AMIGO DA CRIANÇA

Autor: Fundação Abrinq
Disponíveis na Fundação Abrinq
Periódicos bimestrais com informações sobre os respectivos programas da Fundação.
Fone/Fax: (11) 3081-0699
E-mail: info@fundabrinq.org.br
Site: www.fundabrinq.org.br

N

NUTRIÇÃO E SAÚDE INFANTIL EM UMA COMUNIDADE INDÍGENA TERENA, MATO GROSSO DO SUL

Autores: Dulce Lopes Barboza Ribas, Alfredo Sganzerla, José Roberto Zorzatto, Sonia Tucunduva Philippi.
Caderno de Saúde Pública, 17 (2), 323-31, mar-abr, 2001
Disponível em: *http://www.scielo.br/scielo.php?script=sci_arttext&pid=S0102-311X2001000200007&lng=pt&nrm=iso*
Descreve as condições de saúde e nutrição de crianças indígenas Terena, caracterizando o estado nutricional infantil, o consumo de alimentos, as condições sócio-econômicas e ambientais. Foram estudadas 100 crianças de 0 a 59 meses, residentes na Aldeia Córrego do Meio, MS. Em virtude dos déficits nutricionais, a proporção de retardo do crescimento é superior à encontrada na população brasileira. A análise da adequação percentual média dos nutrientes que compõem a dieta infantil indicou o não atendimento às recomendações nutricionais básicas.

O

O IMPACTO DA AMAMENTAÇÃO SOBRE A DESNUTRIÇÃO E A MORTALIDADE INFANTIL

Autor: Myrian Coelho Cunha da Cruz
Tese de mestrado apresentada à Escola Nacional de Saúde Pública do Rio de Janeiro em outubro de 2001.
Disponível na própria escola .
Fone: (21) 2598-2504
E-mail: cedoc@ensp.fiocruz.br
A autora busca identificar os fatores responsáveis pela redução nos índices de mortalidade infantil e de desnutrição nas últimas décadas no País. Quando comparados aos bebês não amamentados, aqueles que o foram, independentemente da duração ou do tipo de aleitamento oferecido pelas mães pesquisadas, tiveram proteção de 75% contra o óbito pós-neonatal. Em relação à desnutrição, o efeito da área onde a criança reside foi significativo, enquanto que, no estudo da mortalidade pós-neonatal, foi evidenciada correlação dos óbitos com o nível financeiro da família.

P

PERIÓDICO COMUNIDADE CRIANÇA

Autor: Comitê da Primeira Infância
Disponível no Comitê da Primeira Infância
Fone: (61) 411-4902/4767
Resumo: Informativo do Comitê da Primeira Infância, veiculado como um encarte no boletim do Comunidade Ativa.

POLÍTICAS INTERSERTORIAIS EM FAVOR DA INFÂNCIA – GUIA REFERENCIAL PARA GESTORES MUNICIPAIS

Autores: Comitê da Primeira Infância, Ministério da Saúde e Unicef. Textos: Maria Céres Pimenta S. Castro e Jairo Werner.

Coordenação editorial: Elizabeth Leitão
Disponível no Comitê da Primeira Infância
Fone: (61) 429-3560
E-mail: codipi@planalto.gov.br
O guia traz orientações aos gestores públicos com o objetivo de possibilitar um reordenamento de ações para a integração dos programas em favor da criança com idade inferior a sete anos. O material sugere um conjunto de estratégias capazes de assegurar a concretização dos direitos sociais da criança e sua família no que se refere ao acesso a programas e serviços sociais básicos de educação, saúde, assistência social, lazer e cultura.

PRÊMIO CRIANÇA 1999 / PRÊMIO CRIANÇA 2000

Autor: Fundação Abrinq
Disponível na Fundação Abrinq
Cada uma das duas publicações descreve as experiências finalistas do Prêmio Criança, em seu respectivo ano de realização.
Fonefax: (11) 3081-0699
E-mail: info@fundabrinq.org.br
Site: www.fundabrinq.org.br

PRÊMIO PREFEITO AMIGO DA CRIANÇA 1999 / PRÊMIO PREFEITO AMIGO DA CRIANÇA 2000

Autor: Fundação Abrinq
Disponível na Fundação Abrinq
Cada uma das duas publicações descreve as experiências em políticas públicas de municípios que contam com Prefeitos Amigos da Criança e que foram finalistas do Prêmio Prefeito Amigo da Criança.
Fone/fax: (11) 3081-0699
E-mail: info@fundabrinq.org.br
Site: www.fundabrinq.org.br

PREVALÊNCIA E FATORES DE RISCO PARA ANEMIA NO SUL DO BRASIL

Autores: Nelson A Neuman, Oswaldo Yoshimi Tanaka, Sophia Cornbluth Szarfarc, Paula R. V Guimarães e Cesar G Victora.
Revista de Saúde Pública, 34 (1), 56-63, fev. 2000.
Disponível em: *http://www.scielo.br/scielo.php?script=sci_arttext&pid=S0034-89102000000100011&lng=pt&nrm=iso*
O estudo, realizado em área urbana do município de Crisciúma (SC), evidencia a força da desigualdade social nos casos de anemia, destacando o risco que ela representa para a saúde e o desenvolvimento intelectual das crianças. Fica evidente, por exemplo, que anemia é menos presente com o aumento da escolaridade do pai e da renda familiar total.

PREVALÊNCIA DE SOBREPESO E OBESIDADE ENTRE PRÉ-ESCOLARES ATENDIDOS NO AMBULATÓRIO DO HOSPITAL DAS CLÍNICAS DA UFPE

Autores: Gisélia Alves Pontes Silva, GenBalaban, Joana Darc Santana Baracho, Maria Maia V Freitas, Eulália Maria M Nascimento. Anais da Faculdade de Medicina da Universidade Federal de Pernambuco-UFPE, 46 (2),127-131, 2001.
Disponível em: Biblioteca da Universidade de Brasília, pelo serviço de comutação bibliográfica - (61) 307-2836
O estudo, realizado com 230 pré-escolares no segundo semestre de 2000, verificou elevadas taxas de sobrepeso e obesidade nos estudantes, provenientes, em sua maioria, de famílias de classe socioeconômica baixa. Para os autores, os resultados reforçam a idéia de que a obesidade infantil está se tornando um problema de saúde pública.

Q

QUANTIDADE E QUALIDADE DE PRODUTOS ALIMENTÍCIOS ANUNCIADOS NA TELEVISÃO BRASILEIRA

Autores: Sebastião de Sousa Almeida Nascimento, Paula Carolina e Teresa Cristina Bolzan Quaioti
Rev. Saúde Pública, jun. 2002, vol.36, nº.3 [citado 26 Setembro 2002], p.353-355.
Disponível em: *http://www.scielo.br/scielo.php?script=sci_arttext&pid=S0034-89102002000300016&lng=pt&nrm=iso*

Analisa a quantidade e a qualidade de alimentos veiculados por três redes de canal aberto da televisão brasileira em três períodos do dia. Verificou-se que os produtos alimentícios, quando comparados a outros itens, foram os mais freqüentemente veiculados, independentemente do horário ou do dia. A análise mostra que a televisão divulga, predominantemente, alimentos com altos teores de gordura e/ou açúcar e sal. A conclusão é a de que a predominância dos produtos veiculados pode estar contribuindo fortemente para uma mudança nos hábitos alimentares de crianças e jovens, agravando o problema da obesidade.

S

SITUAÇÃO DA INFÂNCIA BRASILEIRA 2001

Autor: Unicef
Disponível no Unicef
Fone: (61) 3035-1900
E-mail: rmcllo@unicef.br
Site: www.unicef.org.br
Por meio do conceito de Índice de Desenvolvimento Infantil (IDI), o Unicef fez um amplo estudo da situação da infância no País. Relativo a crianças de zero a seis anos, o IDI conjuga variáveis como cobertura vacinal, cobertura pré-natal adequada, taxa de escolarização na pré-escola e escolaridade da mãe e do pai em cada um dos municípios brasileiros, estabelecendo uma escala de 0 a 1, sendo 1 o valor máximo que o município deveria buscar atingir no processo de sobrevivência, crescimento e desenvolvimento de suas crianças no primeiro período da vida. O estudo traz tabelas e mapas com as unidades da Federação e os 5.507 municípios brasileiros existentes até 1997 ordenados pelo índice de desenvolvimento. Também são relacionados os IDIs dos municípios por estado, ordenados do melhor ao pior, segundo a situação do desenvolvimento infantil.

T

TENDÊNCIAS DO ALEITAMENTO MATERNO NO BRASIL

Autor: Joel Alves Lamounier.
Revista de Medicina de Minas Gerais, 9 (2), 59-65, abr.-jun de 1999.
Disponível em: *http://www.scielo.br/*
Evidencia o crescimento da amamentação natural no Brasil e associa o fenômeno à ação de profissionais de saúde dedicados ao aleitamento materno, bem como à adoção de políticas de apoio, incentivo e promoção adotadas pelo Ministério da Saúde, seguindo as recomendações do Unicef. É citada pesquisa feita com populações em diversas regiões brasileiras, destacando que a média de aleitamento materno total passou de 74 dias, em 1974, para 134, em 1989, e para 210, em 1996. Adverte, porém, para o fato de que o aleitamento materno exclusivo nos primeiros seis meses ainda não atinge a maioria das crianças, apesar de estar em fase de expansão.

SITES

www.aleitamento.org.br

O que pode ser encontrado: O Amamentação Online é um site que aborda questões relacionadas ao aleitamento. Traz dados dos índices de aleitamento materno no Brasil, por região e estado, e índices de morbi-mortalidade infantil e materna. Disponibiliza, também, artigos de especialistas do Brasil e do mundo.

www.amigasdoparto.com.br

O que pode ser encontrado: Projeto criado por quatro mulheres que passaram pela experiência do parto e sentiram-se enriquecidas por ela, mesmo não tendo sido uma fase satisfatória para todas. Entender o porquê disso e garantir que outras mulheres não vivenciem a mesma situação é um dos principais objetivos das Amigas do Parto. Para elas, o parto tornou-se um assunto médico-hospitalar. Assim, questionam a cultura atual, que considera a gestação, o parto, a amamentação e a maternagem como pequenos complementos para a mulher moderna. No Brasil as taxas de cesariana em hospitais privados chegam a 90%, enquanto o recomendado pela Organização Mundial da Saúde é de até 15%. Os índices brasileiros de mortalidade materna e infantil estão entre os maiores do mundo.

www.anvisa.gov.br

O que pode ser encontrado: Vinculada ao Ministério da Saúde, a Agência Nacional de Vigilância Sanitária-Anvisa tem como finalidade promover a proteção da saúde da população por meio do controle sanitário da produção e da comercialização de produtos e serviços, inclusive dos ambientes, dos processos, dos insumos e das tecnologias a eles relacionados. No site são encontradas as mais recentes portarias e resoluções relativas à nova regulamentação para comercialização de produtos destinados a lactentes.

www.cfemea.org.br

O que pode ser encontrado: Criado com o objetivo de lutar pela plena cidadania das mulheres, por relações eqüitativas e solidárias, e por uma sociedade e Estado justos e democráticos, o Cfemea disponibiliza no seu site dados sobre legislação, artigos e textos de especialistas, além do Guia dos Direitos da Mulher.

www.doulas.com.br/index.html

O que pode ser encontrado: Site não oficial, divulga a ReHuNa-Rede Nacional pela Humanização do Parto e Nascimento, que congrega mulheres, homens, setores da sociedade civil organizada, profissionais de saúde e educação, planejadores e executores das políticas de saúde, com a finalidade de mostrar os riscos à saúde de mães e bebês frente às práticas obstétricas inadequadas e intervencionistas. Busca, ainda, resgatar o nascimento como evento existencial e sócio-cultural crítico, revalorizando o nascimento humanizado e incentivando as mulheres a aumentar sua autonomia e poder de decisão sobre seus corpos e seus partos. Para tanto, alia conhecimento técnico e científico sistematizado e comprovado a práticas humanizadas de assistência a partos e nascimentos.

www.metodomaecanguru.org.br

O que pode ser encontrado: Apresenta informações completas sobre o Método Mãe Canguru, que inovou e barateou os custos de atendimento de prematuros ao investir no fortalececimento do vínculo entre mãe e bebê.

www.partohumanizado.com.br

O que pode ser encontrado: Coordenado por Marilia Largura, parteira há mais de 40 anos, o site defende a humanização do nascimento e sugere um novo modelo de assistência à parturiente, centrado na família, em um ambiente de respeito e privacidade. Lá são encontrados artigos fruto dessa nova concepção de parto.

www.redesaude.org.br/index.html

O que pode ser encontrado: É o cartão de visitas da Rede Nacional Feminista de Saúde e Direitos Reprodutivos (RedeSaúde), uma articulação do Movimento de Mulheres do Brasil, que completou 10 anos de atividades em 2001. Reúne 110 instituições filiadas – entre grupos feministas, ONGs, núcleos de pesquisa, organizações sindicais/profissionais e conselhos de direitos das mulheres –, além de profissionais de saúde e ativistas feministas, que realizam trabalhos políticos e pesquisas nas áreas de saúde das mulheres e direitos reprodutivos.

www.renascimento.com.br/renascimento/deep.htm

O que pode ser encontrado: Podem ser acessados diversos artigos de renomados especialistas, que mostram as múltiplas relações entre as experiências de nascimento e os padrões de comportamento que tendem a se manifestar ao longo da vida.

www.saudegratuita.com.br

O que pode ser encontrado: Portal que agrega equipe formada por mais de cem colaboradores das mais diversas áreas da saúde. O site oferece conteúdo e serviços diferenciados, com páginas dedicadas especialmente à saúde do bebê e da criança. Traz extensa lista com *links* de sites especializados em pediatria.

De Olho no Parlamento

Em 2002, a Bancada Feminina no Congresso Nacional era composta por 33 deputadas federais e cinco senadoras, representando 6,43% dos assentos na Câmara dos Deputados e 6,17% do Senado Federal – um dos piores índices da América Latina. De acordo com uma projeção feita pelo Cfemea (Centro Feminista de Estudos e Assessoria) sobre as eleições de 2002, os partidos políticos ficaram longe do cumprimento da cota mínima de 30% das candidaturas proporcionais para qualquer um dos sexos. Segundo a historiadora Sônia Malheiros Miguel, assessora técnica do Cfemea, em todo o Brasil, para todos os cargos, a porcentagem de mulheres candidatas em 2002 estava abaixo de 15%. Esse fato tem influência direta sobre propostas que podem ser, ou não, aprovadas no Parlamento, como facilidades trabalhistas para mães, o posicionamento do País diante da falta de creches, assuntos relacionados com os direitos reprodutivos, entre outros projetos. Confira abaixo algumas propostas relacionadas à saúde materna e infantil em tramitação no Congresso Nacional. O levantamento foi feito por Elizabeth Saar, assessora parlamentar do Cfemea.

PL* 335/95 – Deputada Fátima Pelaes – PSDB/SP – Dá nova redação ao artigo 89 da lei 7210, de 11 de julho de 1984 (lei de execução penal), que trata das penitenciárias de mulheres. Determina que esses locais sejam dotados de seção para gestantes e parturientes e de creches para as crianças pequenas cujas responsáveis estejam presas.

PL 810/95 – Deputada Rita Camata – PMDB/ES – Proíbe servir bebidas alcoólicas a certos grupos populacionais, como para pessoas com menos de 21 anos, e determina sua comercialização com um alerta às mulheres grávidas.

PLC 31/01 – Deputada Laura Carneiro – PFL/RJ** – Dispõe sobre o atendimento preferencial a idosos, gestantes, portadores de deficiência e crianças de primeira idade para marcação de consultas e exames complementares no Sistema Único de Saúde (SUS).

PL 6915/02 – Senador Geraldo Cândido – PT/RJ – Regulamenta a comercialização de alimentos para lactentes e crianças de primeira infância e também a de produtos de puericultura correlatos.

PLC 104/00 – Deputado Enio Bacci – PDT/RS – O projeto propõe a obtenção de diagnóstico preventivo das anomalias fetais, por meio de exames a serem realizados nas células de feto, de placenta, do líquido amniótico, do sangue do cordão umbilical ou pelo teste chamado "ultra–som morfológico", em que é possível detectar anomalias nos cromossomos, defeitos anatômicos graves e anomalias cardiovasculares do feto, nas unidades de saúde e hospitais públicos, ligados ao Sistema Único de Saúde.

PL 109/99 – Deputada Maria Elvira – PMDB/MG, PL 68/99 – Deputada Iara Bernardi – PT/SP e PL 5538/01 – Deputado Lamartine Posella – PMDB/ SP – Estes projetos propõem a inclusão do exame de diagnóstico de Aids e detecção do HIV na rotina do pré–natal do SUS. A proposta de Iara Bernardi prevê ainda que crianças cujas mães possuam diagnóstico positivo recebam do SUS o leite necessário para a sua sobrevivência até que completem dois anos.

PL 56/99 – Deputado João Grandão – PT/MS e PL 18/99 – Deputado Paulo Rocha – PT/PA – Esses dois projetos propõem a obrigatoriedade de exames capazes de detectar as hemoglobinopatias (problemas que causam diferenças nas moléculas de hemoglobina, como a anemia falciforme) nas maternidades e estabelecimentos afins.

PL 2942/97 – Deputado Eduardo Jorge – PT/SP – Propõe a instituição no SUS do programa de prevenção e assistência integral às pessoas portadoras de anemia falciforme e dá outras providências.

PL 2133/99 – Deputada Alcione Athayde – PSB/ RJ – Torna obrigatória a vacinação contra rubéola de mulheres em idade fértil.

PL 1839/99 – Deputado Marcos de Jesus – PTB/PE – Dispõe sobre a utilização da infra–estrutura da merenda escolar das escolas públicas para atendimento de programas de alimentação da mãe gestante em condição de desnutrição.

PL 809/99 – Deputada Maria do Carmo Lara – PT/ MG – Dispõe sobre a descentralização dos recursos destinados a programas de atendimento aos desnutridos e às gestantes em risco nutricional.

PL 4305/01 – Deputada Nair Xavier Lobo – PMDB/ GO – Dispõe sobre a assistência integral à mulher grávida vítima de estupro.

PL 4723/01 – Deputado Jovair Arantes – PSDB/GO – Inclui crianças de zero a seis anos e mulheres gestantes e lactantes no Programa Nacional de Renda Mínima, instituído pela lei nº 10219, de 11 de abril de 2001.

PL 5728/01 – Deputada Ana Corso – PT/RS – Obriga os hospitais privados ou conveniados com o SUS a atenderem as mulheres em trabalho de parto, independentemente de se tratar ou não de caso de alto risco.

PL 6559/02 – Deputado Luiz Ribeiro – PSDB/RJ – Institui, junto aos hospitais da rede pública e privada, o direito à gestante de acompanhante nas enfermarias após o parto e dá outras providências.

PL 5741/01 – Deputada Ana Corso e outros – PT/RS e PL 6807/02 – Deputado Ivan Paixão – PPS/SE – O primeiro projeto dispõe sobre a criação dos comitês de estudo e prevenção à mortalidade materna nos estados e municípios. O segundo, prevê a notificação compulsória das mortes maternas ocorridas na gravidez, o parto ou o puerpério, por complicações desses estados ou devidos a doenças preexistentes e agravadas por eles, em toda a rede de serviços de saúde do Brasil.

**PL – Projeto de Lei.*
***PLC – Projeto de Lei Complementar.*

O que é o SUS

O Sistema Único de Saúde foi promulgado na Constituição Federal de 1988. Sua concepção prevê uma rede de serviços regionalizada, hierarquizada e descentralizada com gestão única em cada esfera de governo: municipal, estadual e federal. Apesar de o sistema ser único e público, a rede prestadora dos serviços admite a participação de entidades de caráter privado, de forma complementar, desde que contratadas ou conveniadas, sob fiscalização do estado e controle social.

Gestores

Os responsáveis pelo funcionamento do SUS existem nas três instâncias de governo.

Federal: Seu papel é definir políticas de saúde, normatizar e coordenar o processo de municipalização, além de assessorar e supervisionar estados e municípios.

Estadual: Compete prestar serviços, assumir a coordenação do processo em sua área de abrangência, normatizar, assessorar e supervisionar municípios.

Municipal: Cabe o planejamento, a organização, a avaliação e a gestão do sistema em sua área de atuação.

Gerenciamento

O comando único em cada nível de governo serve para estabelecer responsabilidades pelas ações em uma mesma base territorial ou hierarquia de atenção à saúde para que não haja superposição de esforços nem conflitos de poder. Para superar embates entre os diferentes níveis de governo, o SUS prevê comissões que se reúnem regularmente.

Financiamento

A saúde pública no Brasil é financiada com recursos da seguridade social, da União, dos estados e dos municípios. Os repasses das verbas do Ministério da Saúde ocorrem de várias formas. Uma delas é a remuneração por serviços produzidos, como internações hospitalares e atendimento ambulatorial, pagos através de faturamento aos prestadores do SUS. O Ministério também transfere verbas do Fundo Nacional de Saúde aos respectivos Fundos Estaduais e Municipais para garantir o atendimento básico e os de média e alta complexidade, respeitando os critérios de gestão (Plena da Atenção Básica e Plena do Sistema Municipal). Todo o orçamento do Ministério da Saúde e os repasses a cada município estão disponíveis na página do órgão na internet (*www.saude.gov.br*).

Conselho Nacional de Saúde (CNS)

Órgão colegiado composto por representantes do governo, prestadores de serviço, profissionais de saúde e usuários. Atua na formulação de estratégias e no controle da execução da política de saúde. Junto com os conselhos estaduais e municipais de saúde, tem um papel importante para o setor, em especial no que se refere à participação da sociedade. Site: *www.saude.gov.br*.

Conselho Estadual e Municipal de Saúde (CES/CMS)

São instâncias permanentes e deliberativas que atuam na formulação de estratégias e no controle da execução da Política Estadual e Municipal de Saúde. A participação comunitária é enfatizada na legislação, tornando os Conselhos instâncias privilegiadas para a discussão das políticas de saúde. A lei também estabelece a composição paritária dos usuários em relação aos outros segmentos representados. Assim, um Conselho de Saúde deverá ser composto por representantes do governo, prestadores de serviços de saúde e usuários. Recomenda-se que o número de conselheiros não seja inferior a 10 nem superior a 20.

Comissão Intergestores Tripartite (CIT)
Instância de negociação e acordos entre as três esferas de governo que busca viabilizar parcerias para a execução das políticas de saúde. Composta por: Ministério da Saúde, Conselho Nacional de Secretários Estaduais de Saúde (Conass) e Conselho Nacional de Secretários Municipais de Saúde (Conasems).

Comissão Intergestora Bipartite (CIB)
Espaço permanente de negociação e produção, onde são discutidos os assuntos de interesse dos municípios e do estado. Composta por: secretaria estadual de saúde e órgão representante dos secretários municipais.

A LEGISLAÇÃO DO SUS

Constituição Federal de 1988
Do artigo 196 ao 200, estão traçadas as linhas gerais do Sistema Único de Saúde.

Leis federais 8.080, de 19 de setembro de 1990, e 8.142, de 28 de dezembro de 1990
Dispõem sobre as condições de atenção à saúde, a organização, o funcionamento dos serviços e a participação da comunidade na gestão do SUS. Criam o Fundo Nacional de Saúde para repasse dos recursos federais a estados e municípios.

Normas operacionais
Elas surgiram em 1991 como instrumentos jurídicos para aprofundar e reorientar a implantação do SUS em seus vários níveis, estabelecendo de forma negociadora mecanismos e critérios para a transferência de responsabilidades e recursos a estados e municípios. Essas normas foram editadas em diversas versões nas décadas de 1990 e 2000. É importante que o jornalista domine seu conteúdo para poder efetivamente investigar qualquer questão relacionada à saúde, principalmente as responsabilidades de cada ator envolvido na garantia desse direito.

PAB (Piso de Atenção Básica) – Portaria 1882 de 18 de dezembro de 1997
Garante o repasse de recursos mensais regulares e automáticos para os municípios brasileiros, no valor per capita mínimo de R$10/ano para o financiamento de ações básicas de saúde em nível local. Além da parte fixa do PAB, existem os incentivos para a realização de outras ações, tais como o Programa de Agentes Comunitários de Saúde (PACS), o Programa de Saúde da Família (PSF), Vigilância Sanitária, Vigilância Epidemiológica e Ambiental, Assistência Farmacêutica Básica e Combate às Carências Nutricionais – esse conjunto é conhecido como PAB Variável.

Fonte: Jane Ramos Pereira, consultora da Área de Saúde da Criança do Ministério da Saúde no governo Fernando Henrique Cardoso e responsável pelo Projeto Registro Civil e pela implantação dos Postos Avançados de Registro nas Maternidades do SUS

Indicadores de Qualidade de Vida da Criança

Dados do *Relatório de Desenvolvimento Humano das Nações Unidas*, acessíveis no site *www.undp.org.br*.

Altura deficiente para a idade em crianças menores de cinco anos – Inclui casos de raquitismo moderados ou graves.

Crianças nascidas com insuficiência de peso – Percentual de bebês com peso inferior a 2,500 kg.

Mortalidade de menores de cinco anos – A taxa de óbitos entre o nascimento e os cinco anos de idade, calculada para cada 1.000 crianças nascidas vivas.

Peso deficiente para a idade em crianças menores de cinco anos – Inclui deficiência moderada ou grave em relação à medida padrão do Ministério da Saúde.

Índice educacional – Um dos três usados no Índice de Desenvolvimento Humano. Baseia-se na taxa de alfabetização de adultos e na taxa de escolarização combinada dos ensinos primário, secundário e superior.

Taxa total de fertilidade – Projeção do número médio de filhos que uma mulher teria se as taxas atuais de fertilidade para cada idade se mantivessem inalteradas.

Taxa de utilização de contraceptivos – Percentual de mulheres casadas em idade fértil (compreende a faixa etária que vai dos 15 aos 49 anos) que utilizam, ou cujos maridos utilizam, qualquer forma de contracepção, tanto moderna como tradicional.

Partos assistidos por técnicos de saúde – Percentual de partos feitos por médico, enfermeira, parteira ou parteiras tradicionais formadas (pessoa integrada no sistema formal de cuidados de saúde, que adquiriu, inicialmente, a sua competência com a prática ou por meio da aprendizagem com outras parteiras e que, mais tarde, foi submetida a uma formação extensiva).

Utilização de fontes de água melhoradas – Percentual da população com acesso regular a água potável, a partir de fontes tratadas. Acesso regular: disponibilidade de pelo menos 20 litros para cada pessoa por dia em manancial localizado a até um quilômetro da residência. Fontes melhoradas: canalizações públicas, poços com bombas manuais, reservatórios protegidos, nascentes protegidas e recolhimento de água das chuvas.

Acesso a instalações sanitárias adequadas – Percentual da população com instalações sanitárias com ligação a sistema de esgotos ou a reservatório séptico e a um sistema de descargas de excreções, considerado adequado se privado ou partilhado (mas não público) e se separa, higienicamente, dejetos do contato humano.

Acesso a medicamentos essenciais – Percentagem da população que tem acesso a um mínimo de 20 dos remédios mais essenciais, continuamente e sem custos, nas instalações de saúde públicas, privadas ou em farmácias, num percurso de até uma hora de sua casa.

Consultores

ELIZABETH MILWARD DE ALMEIDA LEITÃO

É psicóloga e mestre em Filosofia pela Universidade Federal de Minas Gerais (UFMG). Foi Secretária-Executiva (1997-2001) do Programa Bolsa-Escola da Secretaria Municipal de Educação da Prefeitura de Belo Horizonte e assessora junto à Secretaria Nacional de Políticas da Saúde (Ministério da Saúde), onde atua no Comitê da Primeira Infância, que desenvolve metodologias com o objetivo de integrar programas e ações intersetoriais direcionados às crianças de zero a seis anos.

FRANCISCA MARIA OLIVEIRA ANDRADE (TATI)

É pediatra com mestrado em Saúde Pública. Entre suas atividades no estado do Ceará destacam-se a coordenação do programa de redução da mortalidade infantil, a presidência da Febem-CE e a Sub-Secretaria de Saúde do Estado. Tati também foi consultora do Unicef para o estado do Piauí, *fellow* e consultora da Fundação W.K. Kellogg. Atualmente é coordenadora da Saúde do Adolescente do Ceará, professora da Faculdade de Medicina de Juazeiro do Norte-CE e diretora voluntária do Instituto de Saúde e Desenvolvimento Social (ISDS).

JAIRO WERNER

É médico, doutor em Saúde Mental pela Universidade de Campinas (Unicamp), mestre em Educação pela Universidade Federal Fluminense (UFF) e especialista em Pediatria pela Pontifícia Universidade Católica (PUC-RJ). É professor responsável pela área de Desenvolvimento Infantil da Faculdade de Medicina da UFF, professor da Universidade Estadual do Rio de Janeiro (UERJ) e Presidente do Instituto de Pesquisa Heloísa Marinho. Jairo também é o autor dos livros *Políticas Integradas em Favor da Infância* (2002), *Saúde e Educação* (2001) e *Ações Básicas de Saúde e Des. da Criança* (1994).

Pesquisa Mídia e Saúde da Criança

JANE RAMOS PEREIRA

É graduada em Estudos Sociais pela Universidade do Estado de Santa Catarina (Udesc) com especialização em História pela Universidade Federal de Santa Catarina (UFSC). Também é pós-graduada em Assessoria Parlamentar pela Universidade de Brasília (UnB). Foi consultora da Área de Saúde da Criança do Ministério da Saúde no governo Fernando Henrique Cardoso, responsável pelo Projeto Registro Civil e pela implantação dos Postos Avançados de Registro nas Maternidades do Sistema Único de Saúde (SUS).

MARIA JOSÉ MEDEIROS

É Oficial de Projetos de Saúde do Unicef e coordenadora do escritório regional da instituição para os estados do Maranhão e Piauí. É médica com especialização em Saúde Pública pela Universidade de São Paulo (USP), em Medicina Sanitária pelo Conselho Federal de Medicina e em Saúde Materno-Infantil pelo Centro Latino-americano de Perinatologia (CLAP), de Montevideo (Uruguai), e pela Universidade Federal do Chile (OPAS/Unicef).

RACHEL DIAS AZEVEDO

É bacharel em Relações Internacionais da Universidade de Brasília (UnB) e especialista em Construção de Indicadores Sócio-populacionais pela Pontifícia Universidade Católica (PUC-MG). Rachel atua como assistente da Coordenação do Programa das Nações Unidas para o Desenvolvimento (Pnud).

Entidades Parceiras

UNICEF – FUNDO DAS NAÇÕES UNIDAS PARA A INFÂNCIA

Órgão permanente do sistema das Nações Unidas, no Brasil o Unicef desenvolve diversos programas de apoio a cerca de 400 instituições governamentais e não governamentais que trabalham para a promoção, proteção e garantia igual e universal dos direitos das crianças e dos adolescentes.

FUNDAÇÃO W. K. KELLOGG

O objetivo primordial da Fundação é demonstrar e disseminar estratégias para romper o ciclo da pobreza, promovendo o desenvolvimento saudável de crianças e adolescentes. No Brasil, atenção especial é dedicada a projetos que estimulam o envolvimento de jovens com ações de planejamento e liderança.

INSTITUTO AYRTON SENNA

É missão do Instituto oferecer condições de Desenvolvimento Humano à infância e à adolescência brasileiras, por meio de criação, implementação e disseminação de tecnologias sociais. Em 2001, através de seus programas e projetos, foram atendidos diretamente 400 mil crianças e jovens de todo o País.

ANDI – AGÊNCIA DE NOTÍCIAS DOS DIREITOS DA INFÂNCIA

A missão da ANDI é contribuir para a qualidade da informação pública em torno de temas relevantes para a promoção e a defesa dos direitos da infância e da adolescência. Para isso, busca estimular o diálogo pró-ativo, profissional e ético entre os atores da sociedade civil organizada e a mídia.